《艺术之约》（美术卷）

主 编/音 渭 林 锜

艺术之约

Da Vinci

达·芬奇

黄芯蕊 音 渭 编著

山西出版传媒集团
山西教育出版社

图书在版编目（CIP）数据

达·芬奇 / 音渭，林锜主编 ；黄芯蕊，音渭编著. -- 太原 :山西教育出版社, 2015.9

（艺术之约）

ISBN 978-7-5440-5697-7

Ⅰ. ①达… Ⅱ. ①音… ②林… ③黄… Ⅲ. ①达·芬奇（1452-1519）-传记 Ⅳ. ①K835.465.72

中国版本图书馆CIP数据核字(2015)第054113号

艺术之约·达·芬奇

（YISHU ZHI YUE DAFENQI）

音渭、林锜 主编 黄芯蕊、音渭 编著

出 品 人 雷俊林

策 划 人 孙 轶 魏雪萍

责任编辑 任 苑

装帧设计 王春声

出版发行 山西出版传媒集团·山西教育出版社

（地址：太原市水西门街馒头巷7号 电话：0351-4729801 邮编：030002）

印 装 山西臣功印刷包装有限公司

开 本 889×1194 1/32

印 张 7.125

字 数 110千字

版 次 2015年9月第1版 2015年9月山西第1次印刷

书 号 ISBN 978-7-5440-5697-7

定 价 31.90元

来赴一场艺术之约

（代序）

绘画是人类天生的艺术。人们从孩提时代，便懂得用简单的线条勾勒眼中的世界。

好花不长开，好景不长在，有人却能用画笔将一刹那定格成永恒；平凡的事，平凡的物，有人却能带人们发现它的美好，赋予其新的生命；有形的景，无形的情，有人却能将情感挥洒成动人心魄的色彩，唤起深深的共鸣。

这样的作品，这样的人，都是我们耳熟能详的。它们永恒地铭刻在人类文明史上，深植入我们的头脑，构成我们基本的常识。这套书，便是一封跨越世纪的邀请函，翻开它，来赴一场艺术之约。

它讲的是美术家的人生，同时用人生的河流串起每一处绝妙的风景，也就是他们的作品。他们的生命从哪里开始，他们有怎样的家庭、怎样的童年、怎样的爱情、怎样的病痛，又怎样成长、怎样探索、怎样谋生，那些伟大的作品又是在什么情况下诞生……你会在这里一一找到答案。

他们其实不是艺术圣坛上那一张张用来膜拜的画像，而是跟我们每个人一样，有血有肉，有哀有乐。米勒有一个温暖快乐的童年；雷诺阿生了一个成为 20 世纪著名导演的儿子；高更最先是一位从事金融业、收入丰厚的绘画“票友”；梵高直到生命的最后一年才卖出一幅画；毕加索情人无数，80 岁时还迎娶了 35 岁的妻子；蒙克一生在亲人去世、病痛、烟酒、精神癫狂中度过，却活到 81 岁高龄……每一幅经典画作，不再是展览墙上的木框，而是与鲜活的生命相联系。你从未如此真切地感受那些线条与色彩是由怎样的双手来勾勒。

当这许多位美术家汇集到一起，又串起了一部美术史，他们是美术史的链条上最璀璨的珍珠。每一本书都不是孤立的，而是互相呼应，他们是自己的传主，同时又是其他传主的背景。有时，几位名家同时出现或前后承接，你会发现他们在时间和空间上竟如此相近。你仿佛徜徉在巴黎的卢浮宫，漫步在枫丹白露森林，沉浸在浓厚的艺术氛围中。你看到他们在塞纳河畔背着画夹写生，在学院的画室研究着比例与笔法，在街角烟雾缭绕的酒馆进行着思想的争鸣，在为参加各种沙龙而忙着选画、贴标签、装箱、布展……

你的美术素养不再停留在知道几幅画作、几个名字上，你与艺术的联系更加紧密。你会在一场美术展览中关注画作的派别和技巧，你会在子女接受美术教育时找出最经典的画作，你会在某个地方旅行时说出哪位美术家曾与你走过同一段路。

更重要的——你会更加深刻地感受到艺术的美好。面对安格尔的《泉》，你是否为少女洁白自然的胴体而赞叹？面对米勒的《晚钟》，你是否为农民的虔诚、宁静、纯洁而感动？面对雷诺阿的《煎饼磨坊的舞会》，你是否听到阳光在树叶的空隙中欢跃喧闹？面对梵高的《向日葵》，你的双眼是否被那火焰般的明亮点燃？

林　锜

2015 年 6 月于北京

目　　录

第1章：童年的苦与乐

“公证人之家”的私生子

芬奇镇坐落在阿尔巴诺山脉的山脊之上，世代的农耕生活造就了它惬意的欧洲田园风光——河水潺潺流过，森林葳蕤，恬静的葡萄园，质朴的房舍烘托着尖顶的教堂，祥和宁静，仿若世外桃源。诗人伊丽莎白·班内特·布朗宁夫人就曾经赞颂道：“这里的空气似乎能穿透你的心扉。”但作为佛罗伦萨共和国的边远居民点，芬奇镇难逃华丽雍容之风的侵袭，镇上的人萌生和践行着到佛罗伦萨去的梦想。

达·芬奇家族就是这样一个城市和乡村、奔放和内敛相伴相生的家族，有人在佛罗伦萨闯荡着公证人的道路，有人在芬奇镇悠然隐居。

自13世纪起，芬奇家族就在芬奇镇定居了，14世纪中叶，这个家族便以芬奇镇的地名为姓。在14世纪的意大利，随着商业的蓬勃发展，负责起草合同、见证交易的公证人职业日益重要。在佛罗伦萨，公证人行会甚至成为七个主要行会中最受尊重的一个。达·芬奇家族就是一个公证人之家，最早有历史记载的成为公证人的家族成员是塞尔·米凯蒂，他的儿子塞尔·圭多继承了父业。而最辉煌的公证人莫过于圭多的儿子塞尔·皮耶罗，在他做公证人的第二年，他成为了萨索费拉托法庭上的佛罗伦萨公使，后来又成为佛罗伦萨共和国执政团的公证人。毋庸置疑，达·芬奇家族发展到了一个顶峰，虽然远不及后来的列奥纳多·达·芬奇为家族带来的荣耀。芬奇镇成为了记忆中的小小故乡，偶尔用来避暑和休憩，佛罗伦萨才是他们的生活所在。

但是，就在这时，达·芬奇家族中内敛和逍遥的一面开始反败为胜，皮耶罗唯一的儿子——安东尼奥走了和父亲完全相反的路，他在芬奇镇定居，在农户的房子里玩西洋双陆棋，记录家族里每一个孩子的出生和洗礼，成为了一位乡村绅士。但是，他娶了一位公证人的女儿——卢西亚。他们的大儿子不仅继承了祖父的名字皮耶罗，也继承了祖父血液里奋斗的激情。1466 年，小皮耶罗离开了芬奇镇，在佛罗伦萨开始了他有声有色的公证人事业，并娶了佛罗伦萨一位富有的公证人的女儿——年仅 16 岁的阿尔比拉。

与大儿子的野心勃勃和理智克制不同，安东尼奥的小儿子弗朗西斯科更多地继承了父亲与世无争和沉默内敛的气质，他和父亲一起在芬奇镇照看家族农场和葡萄园，他曾经写道："我在乡下，不想找工作。"

于是，就是在这个徘徊于佛罗伦萨和芬奇镇、野心勃勃和与世无争、激情奋斗和安然隐居之间的达·芬奇家族中，列奥纳多·迪·塞尔·皮耶罗·达·芬奇诞生了，他是小皮耶罗的私生子。

1452 年的春天，芬奇镇沐浴在明媚的春光之中，年暮的安东尼奥在笔记本上这样写道："1452 年 4 月 15 日，星期六，夜间第三个小时，我有了一个孙子，我儿子塞尔·皮耶罗的儿子，名为列奥纳多。"按照惯例，列奥纳多在出生的第二天便在芬奇镇牧区圣十字教堂进行了洗礼，洗礼用的那个粗糙的石制洗礼盆直至今日都安静地躺在那里，承载着历史的骄傲。尽管达·芬奇是个私生子，但是他的出生却受到了家族的极大欢迎，据说当时至少有十名教父母出席了洗礼，而当时芬奇镇的普通洗礼一般都是两位或四位教父母。

一般认为，达·芬奇是爱情的结晶，他的母亲——卡泰丽娜，是地位低下的乡下女或女仆。对于达·芬奇家族而言，一个没有土地和社会地位的女人是不可能和一位显赫的公证人成婚的，于是，在母亲的孤独和忧伤中，列奥纳多出生于简陋的距离镇子两千米以外的小山村安奇亚诺村的农舍中。

不知出于什么原因，祖父并未给达·芬奇请保姆或是奶妈，而是由卡泰丽娜亲自抚养。于是，感情在这对母子中悄然生长，牙牙学语的达·芬奇总是蹒跚地追着卡泰丽娜喊着“妈妈”。但是在达·芬奇出生一年后，卡泰丽娜和一名有着“阿卡塔布里加”（意为“惹是生非的人”）绰号的烧石灰工结了婚，这对于卡泰丽娜或许是一件幸事，但对于幼小的达·芬奇而言，无疑是一场灾难。我们可以想象，一直在达·芬奇身边的母亲突然间成了别人的妻子，她怀抱着的不再是自己，这让年幼的达·芬奇陷入了迷茫和困惑。虽然卡泰丽娜依然在达·芬奇的童年中扮演了重要的角色，但达·芬奇开始逐渐意识到自己私生子的身份，这对于一个孩子而言无疑是残忍和痛苦的。即使在成人后，达·芬奇依旧在笔记中写道：“告诉我过去是怎么回事，你可以告诉我那位卡泰丽娜想干什么。”在达·芬奇的笔记中，他把母亲称为“那位卡泰丽娜”，把父亲称为“塞尔·皮耶罗，我的父亲”，一个是不愿提及的明显的伤害，一个是掩藏得更深的，用过度的尊敬掩饰的伤害。

于是，在达·芬奇的童年中，一面是野心勃勃又陌生疏远的父亲，一面是再嫁并陆续生育了五个孩子的母亲，达·芬奇只能在这样的夹缝中孤独而坚强地成长。

孤独的童年

在14岁以前，达·芬奇生活在乡下，穿梭于祖父安东尼奥和母亲卡泰丽娜之间，游荡在乡村的山谷、森林和溪流之中，和其他乡下男孩一样好动而顽皮，不同的是他多了些好奇、多了些思考，也多了些缺少父爱和母爱的孤独。

在意大利，橄榄油是比葡萄酒更具代表性的农产品，可以用作灯油、润滑剂，还可以入药，是每家不可或缺的东西，也是芬奇镇的经济支柱之一。在芬奇镇上，有一间名为多奇亚的橄榄油磨坊，在笨重石磨一圈圈的碾压中，绿色而黏稠的橄榄油倾泻而出。这里是达·芬奇童年的乐园之一，他踩着湿滑的地面，穿梭在巨大的石磨间，对那个碾压的机器十分好奇。众所周知，达·芬奇在绘画颜料方面颇有研究，而在当时，人们最常使用的油画颜料是亚麻籽和胡桃，其制造程序和橄榄油大同小异，正是童年时在磨坊里的经历使得达·芬奇在颜料方面不断追求卓越。与此同时，磨坊的压榨机也启蒙了达·芬奇对机械好奇和热爱的心。当时的磨坊不是用电驱动，而是用水或者畜力，在达·芬奇后来的手稿中我们发现了多奇亚磨坊中压榨机的素描，并且在这幅素描旁，达·芬奇还设计了一个更为复杂的水力颜料研磨机。

祖父渐渐年迈，母亲有了婚生子，父亲常年在佛罗伦萨的高贵家庭中，我们无法想象年幼的达·芬奇内心的孤独，他独自一人奔跑在乡间的路上，尘土飞扬。于是，动物渐渐成了他生命中重要的一部分，带给他无限温暖。在芬奇镇的上空，在阿尔巴诺山的气流中，常有鸢展翅翱

达·芬奇故居

达·芬奇故居室内陈设

翔，它们的翅膀坚挺有力，从高空俯冲下来，带着坚定的目光和锋利的爪子。在达·芬奇的笔记中，曾经记录了鸢的飞翔，他对鸢如此热爱，以至于这样写道："当我还在摇篮里时，一只鸢向我飞了过来，用它的尾巴敲开我的口，在我嘴唇之间拍打了多次。"这显然是一个幻想，但我们仍能看出达·芬奇对这种鸟类的热爱。著名心理学家弗洛伊德把达·芬奇的这个幻想解释成了达·芬奇潜意识中对母亲的感情，他认为鸢把尾巴放进婴儿的嘴中代表了达·芬奇对哺乳的记忆："这个幻想所揭示的正是吸奶的记忆——或者是喂奶的记忆。这是人类最美丽的场景。像很多美术家一样，他要用画笔来描绘。"当然，这只是弗洛伊德的看法。但是无论如何，鸟类在达·芬奇的一生中有着重要的地位。童年时，达·芬奇便会在经过卖鸟的地方时把笼子里的鸟儿买回来放生；成年后，他不仅研究鸟类那样的飞翔；希望借此实现人类飞翔的梦想，他的很多画作中也有着鸟类的痕迹：他会把天使的翅膀画成鸟类的短促有力的翅膀，在绘制《丽达与天鹅》这个素材时，他还把构图做成鸟类的形状。

西格蒙德·弗洛伊德（1856—1939）

奥地利心理学家、精神分析学家。精神分析学的创始人，提出了“潜意识”“自我”“本我”“超我”和“俄狄浦斯情结”等概念。写过论文《列奥纳多·达·芬奇和他童年的一个记忆》。

除此之外，达·芬奇还亲自养狗、养猫、养马，他没有把这些动物看作宠物，而是把它们看作最亲近的朋友，他观察它们、欣赏它们、爱它们，在达·芬奇的绘画中，我们时常可以看见它们的身影。也许正是从这个时候开始，达·芬奇就养成了观察的好习惯，在他的绘画中，动物永远都是栩栩如生的样子。当然，作为一个孩子，达·芬奇偶尔也会恶作剧，他曾经在蜥蜴身上粘上翅膀、触角和胡须，还用它吓唬朋友。有时，达·芬奇也会从这些动物的行为中思考问题，例如，他写过一段关于狗的话：

动物的排泄物总是保留一些所吃原物的汁液……狗类的嗅觉灵敏，它们能用鼻子判断残留在粪便中的肉汁。如果通过嗅觉它们了解到一只狗吃得很好，那么它们就会尊敬它，因为它们因此判断出它的主人必定有权而富有。如果它们没有嗅到多少肉汁的味道，那么它们就判断这只狗没什么价值，它的主人贫穷而低微，因此它们就会咬它。

在这段话中，达·芬奇不仅通过观察得出了结论，似乎还包含着对社会问题的隐喻。而关于猫，达·芬奇的观察也很细致，他写道："如果夜间你把眼睛放在灯和猫的眼睛之间，你将会发现猫的眼睛像在着火。"

也许正是对动物的爱使达·芬奇成为一名坚定的素食主义者，对动物的爱使得"他不会以任何原因杀死一只跳蚤；他喜欢穿着亚麻衣服而不是穿一些用死去的动物皮毛制成的衣服"。

可以说，达·芬奇的童年就是在大自然中摸爬滚打度过的，他没有接受过正式的拉丁语教育，大自然和生活就是他最好的学校，他观察树木和昆虫，制作面包、酿制葡萄酒……虽然达·芬奇后来学习了拉丁文，但他一直称自己为"经验的信徒"，并坚信一个画家只有"放弃城里的家，离开你的家人和朋友，穿越崇山峻岭，走进乡村"才能成为一个好的画家。

毫无疑问，童年的达·芬奇是孤独的，但达·芬奇并没有放弃自我，而是用实践和思考充实自我。事实证明，在达·芬奇日后的艺术家生涯中，童年的一切都是宝贵的财富：他从橄榄油磨坊中学会了制作绘画颜料；对动物的细致观察和朝夕相处使他的绘画精准而富有神韵；对家乡风景的记忆反复出现在他的绘画作品中，成就了他的独特审美。

科学与艺术启蒙

众所周知，达·芬奇不仅是绘画大师，在科学方面也颇有造诣，他的手稿中出现大量的机器、桥梁等发明创造，甚至还有飞行器。达·芬奇虽未接受过正规的拉丁语教育，但却有一位著名的科学启蒙老师——托斯卡涅里，托斯卡涅里是著名的数学家、天文学家、哲学家和医生。那么，达·芬奇是如何成为托斯卡涅里的学生的呢？

小达·芬奇一直渴望找到一位能够真正指导自己的老师，当他透过窗子看见托斯卡涅里的房间里摆满了仪器和书籍，而托斯卡涅里正埋头认真工作时，小达·芬奇觉得自己看见了科学的圣地。可托斯卡涅里那样有名，自己又怎么能接近呢，小达·芬奇只能天天尾随他，远远地羡慕地望着学生们围着他问各种问题。

终于有一天，当托斯卡涅里看见小达·芬奇坐在自己家门前的石阶上时，主动打破了沉默："孩子，你好像每天都远远地跟着我？"原来，托斯卡涅里也注意到了这个独特的孩子。

小达·芬奇有些窘迫："是的，我想跟您学习。"

托斯卡涅里饶有兴趣地打量着小达·芬奇，问道："为什么呢，小阿基米德？"

"我热爱科学。"达·芬奇腼腆但坚定地说。

最终，托斯卡涅里欣然接受了这个学生。达·芬奇兴奋不已，他向老师深深鞠了一躬："我永远是大师的学生。"

从这天起，达·芬奇幸运地成为了托斯卡涅里的学生，从一个在田间捕捉昆虫的男孩变成了认真学习科学的人。

这个故事的时间、地点有多种版本，其真实性值得怀疑，很可能是一件轶事。但当我们想象一个少年每天远远观望着满腹学识的学者，如此渴望亲近老师、亲近知识时，真实与否已不重要，重要的是我们从中看到了一个孩子对学习的欲望和执着。更为可贵的是，达·芬奇真正做到了“永远的学生”，在他从事艺术的同时，他从未忘记科学，在他的诸多画稿中我们都见到了科学和艺术的完美融合。

如果说对科学的求知更多地依靠达·芬奇的执着，那么可以说艺术的熏陶是潜移默化的，芬奇镇虽然很小，但却洋溢着艺术的气息。在达·芬奇受洗礼的教堂中充斥着各种宗教彩绘，其中最著名的是玛丽·马格达莱内木制雕塑，在达·芬奇幼年时，这座雕塑就已价值不菲。除此之外，祖母卢西亚在达·芬奇的童年中更多地扮演了母亲的角色，她的家庭既是公证人家庭，同时也是陶瓷工艺世家，在距离芬奇镇不远的卡米涅诺镇拥有陶器厂，烧制的白釉陶器闻名佛罗伦萨。年少的达·芬奇经常到祖母家的陶器厂观摩瓷器的烧制，并被它那迷人的花纹所吸引，不知不觉沉浸于艺术的世界。

在这样的熏陶之下，达·芬奇很早就对绘画产生浓厚的兴趣，反复描摹他的小动物朋友们，直到将它们描绘得栩栩如生，展现了达·芬奇卓越的绘画天赋，开启了他的艺术之门。

第 2 章：在佛罗伦萨的十六年

天才的学徒

旅行家贝内代托·代曾这样描述 15 世纪 60 年代中期的佛罗伦萨："佛罗伦萨的城墙长 7 英里，其间设有 80 座用于抵御外敌的瞭望塔。城里有 108 座教堂，50 个广场，33 家银行，23 幢气派的豪宅。"彼时的佛罗伦萨充斥着能工巧匠，街道上店铺林立，这样一个喧闹繁华的都市足以让一个乡下少年惊叹和无措。

达·芬奇的父亲塞尔·皮耶罗的第一任妻子阿尔比拉在结婚近 12 年时终于怀孕，却不幸死于难产。在阿尔比拉去世的第二年，塞尔·皮耶罗娶了第二个妻子弗兰切斯卡，同样是公证人的年轻貌美的女儿，不幸的是弗兰切斯卡没有生育能力。于是，在达·芬奇的祖父安东尼奥去世后，塞尔·皮耶罗把他唯一的骨肉接到了佛罗伦萨，决定要尽一点父亲的责任。

佛罗伦萨

在当时的意大利，列奥纳多·达·芬奇私生子的身份将他挡在了公证人的职业之外，父亲塞尔·皮耶罗便将从小有绘画天赋的他送到安德烈亚·德尔·韦罗基奥的作坊里做学徒，列奥纳多也满心欢喜。

15 世纪 60 年代佛罗伦萨的艺术家们可不是我们传统观念里的样子，工作室更应该被称为作坊，艺术家们在里面负责加工制作各种艺术品，包括画作、雕塑、墓碑等，有时甚至还有服装和首饰。此时正值韦罗基奥事业的起步时期，大批的订单接踵而至，刚进作坊的达·芬奇可不是我们想象中的那个每天坚持不懈画鸡蛋的天才少年，而是在灰尘弥漫并充斥着噪音的作坊里做些体力活的小学徒。他偶尔也充当模特，据说韦罗基奥的《大卫》铜像就是以达·芬奇为模特的。《大卫》铜像现藏于意大利佛罗伦萨国家博物馆，大卫一头鬈发，相貌俊美，肌肉强健，而这也正是人们普遍认为的青年达·芬奇的样貌。据说，达·芬奇这样俊美的外貌遗传自他的母亲，而他也曾经赞颂过母亲的美丽："你没有见过山上的农家女吗？她们衣衫褴褛，没有任何装饰，其娇美却胜过花枝招展的女士。"既然我们没有卡泰丽娜的画像来推翻这个结论，那何不相信呢？

达·芬奇不仅相貌俊美，气质也不凡，著名心理学家弗洛伊德就曾在论文《列奥纳多·达·芬奇和他童年的一个记忆》中这样写道：

> 在文艺复兴时期，常常可以见到在一个人身上表现出来的广泛而又多样的才能的结合，但是我们必须承认列奥纳多是这种结合的最光辉的典范之一……

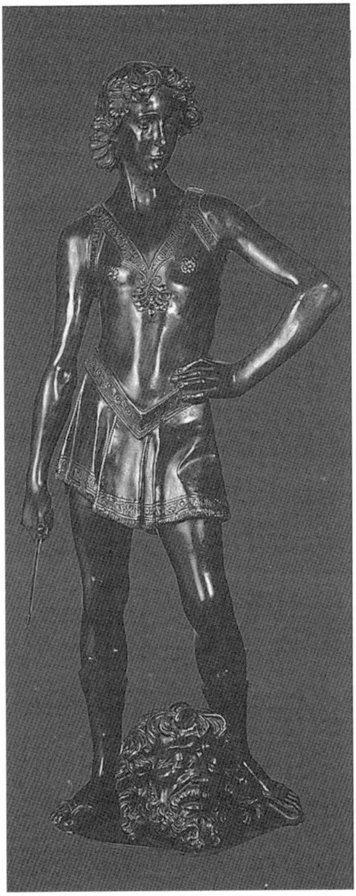

《大卫》铜像

他颀长、匀称；相貌十分俊美，体力非同一般；他风度翩翩，长于雄辩，他对所有的人都是高高兴兴、和蔼可亲的。

于是，我们看到了这个学徒是怎样的讨人喜爱，无论是形象还是气质都近乎完美。

当然，达·芬奇最令人称赞的还是他从韦罗基奥处学习到的画艺。首先要学习的是制图术，而韦罗基奥就是当时佛罗伦萨最优秀的绘图师。当时的纸张价格不菲，学徒们多采用上漆的木制画板和铁笔，达·芬奇也不例外。当达·芬奇自己也开始收学徒后，他对学生的要求更为严格，他不许未满20岁的年轻人碰画笔和颜料，只许他们用铅尖铁笔练习，按照雇主留下的范例刻苦临摹，用最简练的线条表现自然风景和身体的轮廓。

达·芬奇画鸡蛋的故事无疑是后人杜撰的轶事，但我们却可以从另一个故事中同样看见达·芬奇的勤奋：达·芬奇亲手制作了几个黏土模型，将旧衣服覆盖在上面，每日坚持不懈地临摹那些褶皱。达·芬奇总是不放过任何增加他绘画技巧的研究，在后来出版的《论绘画》中，达·芬奇写道：“应依据实物真实地描绘衣褶。”接着，他叙述了毛料、丝绸、粗布衣、亚麻布、纱巾等各种质料的衣服的褶皱如何绘制。每当看到达·芬奇画作中那些精妙绝伦的衣褶时，总能让人想到那个埋头努力作画的少年。

除此之外，学徒们还要学习用黏土和赤陶土创作雕塑。达·芬奇在雕塑上同样技艺精湛，他曾经用陶土雕了一个年幼的基督的小头像，后来被艺术家乔瓦尼·保罗·洛马佐收藏，乔瓦尼曾这样描述这个雕塑：

> 从雕塑中，我们可以看到小耶稣的天真和纯洁，其中还透着某种程度的智慧、理性和威严。他稚嫩的面孔之下似乎也隐现着老成和深邃。

据说，达·芬奇还做过几个大笑的女人的头像和孩童的头像，但这些都没有流传下来。达·芬奇曾热情地将雕塑比作绘画的姊妹，并接过一些雕塑的订单。

而这些只是基础的学习，在真正开始作画之前，达·芬奇还要研究画板和颜料的制作，这是当时艺术家们必须知道和非常关心的知识。当时的画板一般是用银白杨制作，在画板上要先涂上熟石膏粉和几层细石膏粉来做衬底，接下来才可以把草图临摹到画板上。临摹草图的过程也十分有趣，要先在草图上刺出一些小洞，然后将草图平铺在画板上，再撒上木炭或者浮石的细末，这样草图就会复制到画板上。后来，达·芬奇画板的制作采用了更为繁琐的程序：

> 在画板上面涂以胶泥和经过两次蒸馏提炼出的白色松节油……然后再抹上两三层酒精，酒精里溶有砒霜或其他腐蚀性的升华物。接着将煮沸的亚麻籽油均匀地涂在画板之上，在亚麻籽油冷却之前用布将画板擦干。再用木棍将白色清漆涂抹在板上，最后用尿液将木板清洗干净。

颜料的制作方法也是画家们需要掌握的，其材料有取自泥土的，有取自植物的，还有的取自铅等有毒物质。如果想要获得更为鲜艳的色彩，就要采取更为奇异的材料，例如用天青石可以产生浪漫的蓝色，绿孔雀石可以产生鲜亮的绿色，而这些都是昂贵的舶来品。许多珍奇异品都是从药店买来的，当时意大利的药店不仅经营药品，还经营着画家们绘画所需的各种香料，因此，直到今日意大利的药店还自称为香料店。这样看来，当时的画家成为“医师、药师和绸布商行会”的会员就不足为奇了。对于颜料的制作，达·芬奇也颇有研究，在他早期的《大西洋抄本》手稿中，写道：

提取绿色（即孔雀石），将其与沥青混合搅拌，混合物能使阴影部分加深；若要使阴影变浅，则将绿色与黄赭色混合搅拌；如果还要更浅的绿色，则多加黄色颜料；若要加亮，则加上纯黄色。然后将绿色与姜黄拌在一起，给整幅图上一下光……想要得到美丽的红色，则在深色阴影处涂以朱砂，或红铅粉，或烧过的赭石；浅色阴影处则要涂以红铅粉或朱红色，画中亮处则要涂以纯朱红色，然后再用胭脂红上一下光。

我们可以看出，达·芬奇是一个勤劳且善于钻研的学徒，他的成功都是建立在这些基础之上的。

在当时的佛罗伦萨，画作一般都是在作坊里由多人共同完成的，一般是艺术家主创，助手和学徒参与完成一部分。于是，有时为了防止艺术家们把活计全都交给助手们去完成，合同中还会明确规定艺术家必须亲自完成的比例。列奥纳多终于开始参与作画了。《多比亚司与天使》是韦罗基奥作坊最优秀的作品之一，是一幅木版画，现藏于伦敦国家美术馆，讲述了一个小男孩为治好父亲的瞎眼而勇于探险，一路上都受到拉夫尔天使的保护的故事。雕塑家出身的韦罗基奥的画风一直是粗犷而不拘小节的，但在这幅画中，天使羽翼细致逼真，小狗毛发蓬松柔软，根据专家研究，这应该是达·芬奇所作。看到画中充满活力的小狗时，我们怎么能忘了达·芬奇童年时是多么热爱小动物呢。

《多比亚司与天使》（木版画）

与此同时，列奥纳多还作为助手参与了韦罗基奥接手的佛罗伦萨大教堂圆顶和顶塔的工程。佛罗伦萨大教堂的圆屋顶一直以来都是欧洲的建筑奇迹之一，这个圆屋顶由一大一小两个圆屋顶共同组成，共用了近四百万块砖石，重约三万六千吨，在近六百年中一直是世界上最大的砖石结构圆屋顶，而将两吨重的铜球置于圆顶之上更是技术上的重大突破。在这个工程中，文艺复兴的建筑大师布鲁内莱斯基是主建筑师，布鲁内莱斯基创新地采用了安全装置，在整个建造过程中只有一个石匠坠地身亡，这在当时是了不起的事情。作为助手的列奥纳多可以亲自进入工作间接触到第一手资料，他不只是简单地画下了起重机、绞车等装置精巧的设计，而且对机械产生了浓厚的兴趣，不断探索着原理并思考着如何改进，他热爱科学的头脑开始启动了。

学徒列奥纳多的成长是飞快的。1472 年，20 岁的列奥纳多就注册成为佛罗伦萨画家组成的协会——“圣路加公会”的会员，开始独立作画了。其中最受到肯定和著名的应属《天使报喜》，这是文艺复兴时期最常见的绘画题材之一，几乎每位稍有名气的画家都尝试过。《天使报喜》又名《受胎告知》，主要讲述了天使加百列来到年轻的玛利亚面前，告知她即将受孕产下耶稣成为圣母的故事。天

《天使报喜》

使加百利对玛利亚说："蒙大恩的女子，我问你安，主和你同在了。"玛利亚对此感到惊慌，不懂这问安的内涵。于是，天使又说："玛利亚，不要怕，你在神面前已经蒙恩了，你要怀孕生子，可以给他起名叫耶稣。"对这个故事的理解因人而异，其中玛利亚大致有五个特质——忧虑（"她倍感烦恼"）、沉思（她"想知道天使的这种致敬是什么意思"）、疑问（"这怎么可能，我跟一个男人都不熟"）、服从（"快瞧上帝的这个女仆"）和身价（天使走后她身价的提升）。达·芬奇对画作的表现也不同于他人，画中的圣母玛利亚举起的左手显得略有忧虑，而脸庞却显得谦卑而木然，恰如其分地表现出了玛利亚的心理活动，这也是达·芬奇作品的一个显著特点。除此之外，达·芬奇还善于创设场景性，在这幅画中，圣母玛利亚正在桌前读《旧约》，书上的文字好像是希伯来文，正在此时，天使突然降临，貌似打扰了玛利亚。达·芬奇还给天使加上了一对短而有力的鸟类的翅膀，使画作不那么符合传统标准，也凸显了达·芬奇对鸟类的热爱。当然，正如大卫·A. 布朗的中肯评价："这幅《受胎告知》一方面构思新颖，富有诗情，另一方面也有模仿的痕迹和明显的缺点，它出自一个才华横溢同时又稍显稚嫩的艺术家之手。"的确，这幅画作依旧带有韦罗基奥作坊的痕迹，但显然已初露才情。

在此期间，达·芬奇还绘制了他的第一幅人物肖像画——《吉尼弗拉·德·本齐肖像》。当时的少女在出嫁时通常会请画师为自己画一幅肖像画，《吉尼弗拉·德·本齐肖像》就是这样一幅纪念肖像画，画中的本齐 17 岁。在这幅画作中，本齐的面部未加修饰，甚至是面无表情，这时的达·芬奇因为想要追求真实感而拒绝进行美化，可以说是与人文主义的契合。但是，达·芬奇特地选择了刺柏丛为背景，这是因为刺柏在意大利语中表示"吉尼弗拉"，也就是人物的姓名。

《吉尼弗拉·德·本齐肖像》

《基督受洗》是列奥纳多和老师韦罗基奥合力完成的作品，但在这幅画中，列奥纳多显然超越了他的老师，传记家瓦萨里甚至将之称为是韦罗基奥一生中的最后一幅画："安德烈亚从此封笔，一个孩子竟然比他画得好，他好似受到了奇耻大辱。"《基督受洗》是传统的基督教绘画题材：犹太先知约翰在约旦河布道，宣布最后的审判将至，要人们笃信耶和华、承认原罪，接受洗礼以通过审判升入天堂。耶稣也赶过来，要求受洗。约翰认得这是真主，便不敢为其受洗。耶稣便说道："你暂且许我，我们理当尽诸般的义。"在耶稣受洗后天光顿开，圣灵白鸽降落，耶稣正式成为耶和华在世上的代言人。这幅画作主要由韦罗基奥设计，主要的人物圣约翰和耶稣也是由其绘制，但是人们普遍认为列奥纳多画的两个跪着的天使是此画中最精彩的部分。天使有着蓬松的卷发，被薄而透明的圣光笼罩着，亲眼目睹这样的神迹让他们有些迷惑和震惊。在这样细腻生动的天使旁，韦罗基奥的绘画便显得逊色和呆板了。在完成这幅画后，老师韦罗基奥永远地放下了画笔，重新拾起了老本行，只做雕塑。这个故事难免有夸张的嫌疑，但我们终于欣喜地看到，学徒列奥纳多坚定而沉稳地向着大师迈近。

《基督受洗》

瓦萨里（1511—1574）

意大利画家、建筑家、美术史家。曾师从米开朗琪罗，终身服务于美第奇家族。他在艺术上追求形式主义，属于样式主义流派。

然而这些并不是韦罗基奥作坊带给达·芬奇的最重要的东西，那么最重要的是什么呢？在达·芬奇的时代，作坊一边加工制造着各种艺术品，一边群英荟萃侃侃而谈，人文主义的思想就在这里流淌和孕育，韦罗基奥的作坊也不例外。在这里常出现的人物之一是画家桑德罗·波提切利，他也曾师从韦罗基奥。波提切利比达·芬奇年长七岁，但达·芬奇却对这位颇有名气的画家不屑一顾，还曾狠狠地批判过他的《天使报喜》："天使做出了无礼的动作，似乎是要将圣母逐出家门，仿佛对面的人是他不共戴天的仇敌一般，而圣母似乎绝望地想要跳楼自杀。"正如我们所知，达·芬奇也亲自画过一幅《天使报喜》，不知是不是对波提切利的反击。另一位常在作坊里出现的人是佛罗基俄——一位颇有成就的音乐家，据说达·芬奇的里拉琴就是他教授的。除此之外，时不时还会有旅行的思想家、巡回的炼金术师和作家在这里稍作停留。我们可以想象，达·芬奇像海绵一样从各处汲取着知识，丰富着他那广博的大脑，这里就是他的大学。所有这些都是韦罗基奥作坊带给达·芬奇的最重要的东西。

父与子

当达·芬奇在作坊里辛苦学艺时，他的父亲在做什么呢，我们来看一下吧。

前面提到塞尔·皮耶罗娶了第二任妻子，不幸的是这位年轻的妻子弗兰切斯卡在嫁给塞尔·皮耶罗之后的第八年也去世了，同样没有留下子嗣，但皮耶罗却有了第二个私生子。在弗兰切斯卡去世的第三年，皮耶罗梅开三度并终于有了自己的第一个合法子嗣，一个沿用了达·芬奇祖父名字的男孩——安东尼奥。于是，皮耶罗终于摆脱了事业蒸蒸日上却无合法子嗣的困窘境况，便不再照顾达·芬奇的感情了，甚至会时不时提醒达·芬奇他私生子的身份，这让达·芬奇十分痛苦和愤怒。

就在这时，佛罗伦萨城发生了一起官司，达·芬奇就是被告人之一。艺术家们汇集的地方总是相对自由和开放一些，甚至会放荡不羁，佛罗伦萨更是如此。在当时的佛罗伦萨有一项奇特的制度，那就是允许市民把冤屈、牢骚和控告放在街角的箱子里公布出来，这些箱子被形象地称为“真理的喉舌”。一天夜里，有人在箱子里放了一封举报信，控诉达·芬奇还有其他三位男子与一名叫萨尔塔雷利的男子发生了同性恋关系。这对正要开始大展宏图的达·芬奇来说无疑是晴天霹雳。虽然当时的佛罗伦萨崇尚自由和宽容，但根据法律，如果指控成立，达·芬奇将面临被绑在柱子上烧死的命运。这个案件共开庭了四次，最终被告四人均无罪释放。案件中有一个名为列奥纳多·托纳博尼的被告人，是当政的美第奇家族的亲戚，他才是案件的关键人物，因为有人企图通过他来破坏美第奇家族的名誉。作为新兴的小有名气的画家，达·芬奇不幸被利用，为案件增添噱头。无故被卷入这场政治阴谋给达·芬奇留下了严重的心理伤害。在监狱中，达·芬奇忐忑不安饱受威胁，出狱后也名誉受损事业受阻。达·芬奇曾在笔记中这样记叙这件事对他的影响：“一块大石被雨水冲刷干净了，它曾经立在高地，在一处俯瞰岩石点缀的道路，道路两旁的树丛边上，是各色鲜花。它久久地看着路上的岩石，被想落到它们中间的欲望所征服……有时当它浑身都是泥水或动物的粪便时，它会抬起头，绝望地看着它来的地方：那种独立和宁静的幸福。”而英国传记作家麦克尔·怀特更是精彩地分析了萨尔塔雷利事件带给达·芬奇的影响，他表示这件事情使达·芬奇从一个外向的、自信的、精力充沛的、敏感的年轻人变成了一个不信任、怀疑和防御的人。

但在此期间，达·芬奇颇有能力和势力的父亲在做什么呢？皮耶罗不可能不知道这起案件，但他不仅未全力营救儿子，反而埋怨儿子丢了他公证人的脸面，这才是这起案件带给达·芬奇的最大的伤害。

当然，这个案件还牵涉出了达·芬奇的一个未解之谜——达·芬奇是同性恋吗？我们只知道，达·芬奇终生未娶，而我们似乎也未能明确得知他身边有长期陪伴的女性。前文已说过，佛罗伦萨城内的同性恋行为是比较自由的，也许达·芬奇也受到了这种风气的影响，对这种行为不以为意。但是，这并不等同于达·芬奇自己也亲身参与到同性恋行为中。可是，一位叫萨莱的学徒使人们倾向于接受达·芬奇是同性恋的观点。

萨莱是达·芬奇在米兰时的学徒，他的全名是乔瓦尼·贾科莫·迪·彼得罗·卡普罗蒂，萨莱只是他的外号，意为“小魔鬼”，但这无疑是带着些宠爱味道的。这个外号当然是达·芬奇给他取的，非常符合他缺乏管教的行为。从萨莱来到达·芬奇工作室的第二天开始，达·芬奇就在账单上记录了他的诸多恶行：

> 第二天，我请人为他做了两件衬衣、一双长筒袜和一件短上衣。但是当我把购买这些东西的钱备好的时候，他却从我的钱包里偷走了这些钱。虽然我确信是他干的，但他死不承认。
>
> 翌日，我和贾科莫·安德里亚一起吃晚饭。这个贾科莫花了2里拉的饭钱，由于调皮捣蛋又赔了4里拉，因为他打碎了桌上的三个油瓶，还弄洒了葡萄酒。后来他又跟我去吃晚餐……
>
> 9月7日，他从跟我一起的马可那里偷了一支价

值 22 索尔多的钢笔。那是一支银尖钢笔，他是从他（马可）的工作间里偷走的。马可找遍了整个房间，最终发现笔就藏在贾科莫的盒子里。

这看起来似乎是向萨莱的父母告状的凭证，但更像是无奈地记录自己孩子的成长。达·芬奇想要给萨莱做些衣服，钱却被这个小鬼偷走了；萨莱在饭桌上恶作剧不断，但达·芬奇还是带他一起去吃饭……我们似乎看到了这样的情景：10 岁的小恶魔总是做些恶作剧，还会不时偷点东西，达·芬奇则像父亲一样跟在他后面帮他收拾这些烂摊子，晚上还会又爱又恨地伏在案前记录这些事情，达·芬奇是如此喜爱这个孩子。

关于萨莱的模样，瓦萨里曾经记载道："他面目俊美，清秀标致，一头小鬈发，列奥纳多看了极为喜欢。"这个形象我们可以在达·芬奇的一些画作中找到痕迹，就像达·芬奇当年一样，萨莱也会作为达·芬奇绘画的模特。很多人都怀疑达·芬奇和萨莱是同性恋关系，我们不好妄下结论，但这其中无疑是包含了父子般的情感，也许达·芬奇只是想要个儿子而已。萨莱几乎一直陪伴在达·芬奇的身边，而达·芬奇也在遗嘱中留给了萨莱他在米兰的房产。

实际上，达·芬奇是鼓励和颂扬爱情的，他曾经表示，如果诗人可以鼓励人们去爱，那么画家也能做到，甚至是做得更好。这其中当然有着达·芬奇的一些“偏见”，他总是认为绘画是最好的艺术，无论是雕塑还是诗歌都无法与之媲美，但是这无法掩盖达·芬奇对爱情的态度，他认为绘画可以帮助人们更好地去爱。近些年来，有人认为达·芬奇曾经和一位叫作克莱莫娜的交际花来往甚密，甚至很多画作都是以克莱莫娜为原型创作的。

而弗洛伊德对此也有自己的看法，他认为达·芬奇之所以终身未娶，是因为“这样的人可能将别人投入爱情的那种满腔热忱倾注于研究，而且他宁愿把自己献给研究工作而不是爱情”。当然，无论达·芬奇是否是同性恋，是否终身未娶，这些都不影响他的伟大。

关于达·芬奇和父亲的关系，还有这样一个故事：一位芬奇镇的农民用无花果树制成了一个小圆盾并请求塞尔·皮耶罗将它带到佛罗伦萨饰以图案。于是，塞尔·皮耶罗便将这个任务交给了自己的儿子列奥纳多。在此之前，列奥纳多曾绘制过一幅美杜莎的头像，这次他希望能有同样惊人的效果。对于这件事，传记家瓦萨里这样记载道：

为了得到这种效果，列奥纳多把大大小小的蜥蜴、壁虎、蟋蟀、蝴蝶、蝗虫、蝙蝠和其他奇形怪状的动物收集起来，带进自己的房间，关紧房门禁止他人进入。他将这些动物的不同部位组合在一起，拼成了一个面目狰狞、奇丑无比的怪物……他将怪物画到盾上，画成的怪物从阴暗的岩石缝中跳将出来，血盆大口溅出阵阵毒液，眼中喷出股股火焰，鼻孔冒出滚滚浓烟。

读到这里，我们不禁感慨达·芬奇的创造能力。在他的创作过程中，这些动物的尸体早已腐烂，散发出阵阵恶臭，但他却对此毫不在意，全身心地投入到创作中。在他画好之后又发生了什么呢？

于是一天早晨，塞尔·皮耶罗来到儿子的住处取盾。敲门后，列奥纳多打开房门，让他稍等片刻。他返身回到房间，将盾置于画架之上，画架就放在窗前，他将窗帘拉上，使屋里光线变得暗淡，然后请父亲进来看。塞尔·皮耶罗进屋后一眼望去，吓得跳了起来，还以为那不是一面盾，他看到画在盾上的东西，不由自主地向后退去，列奥纳多赶忙将他扶住，说：“这画就是用来搭配圆盾的，你现在可以取走了，这就是我想得到的效果。”

这个真实性无从考证的故事再次让我们看到了达・芬奇画技的精湛，同时也让我们看到了这对父子的紧张关系。这个故事还有个有趣的结尾，被惊吓到的父亲也不甘示弱，他买了个盾给了农夫，暗中把达・芬奇画好的盾高价卖给了佛罗伦萨的商人，从中狠狠地赚了一笔。

看到这里，大家也许觉得达・芬奇和父亲的关系已经到了水火不容的地步，以至于后来父亲连一点遗产都不肯留给他，而达・芬奇后来也发表过关于父子关系的言论。童年的伤害无疑是沉重的，像一颗定时炸弹一样深埋在内心深处，随时可能爆炸。

但事情也许并不是我们想象的样子。在达・芬奇生命中长期缺席的父亲即使在把他接到佛罗伦萨后也并未给予他多一些父爱，达・芬奇私生子的身份也像胎记般如影随形，成为他和父亲永远的隔阂。但血浓于水，我们还是要相信在这恨背后有着别样的爱，如果不是这样，面对父亲的死亡，达・芬奇一直简短有序的笔记怎么会突然重复、啰唆和混乱。

达·芬奇纪念章

独立门户

在韦罗基奥门下当了十年的学徒后，1477 年，达・芬奇有了自己的作坊。十年前那个站在佛罗伦萨大街上惊叹的少年如今已在济济人才中站稳了脚，努力创造着自己的未来。

但是，达・芬奇的工作并没有我们想象的那么顺利，萨尔塔雷利事件让达・芬奇生意惨淡。在第二年的开头他接到了第一份订单，虽不是作为第一人选，却也可以带来足够的声望，因为这是佛罗伦萨执政团的订单。订单的内容是绘制一幅悬挂在韦奇罗宫小教堂的大型祭坛画，画作要表现玛利亚出现在圣伯纳德面前。但达・芬奇并未珍惜这珍贵的第一份订单，因为他没能完成这幅画作，这是他第一份未能完成的订单，却绝不是最后一份。

《圣哲罗姆》就是另外一幅未完成的著名画作。圣哲

《圣哲罗姆》

罗姆是4世纪时著名的希腊学者，是宗教和人文主义完美结合的象征，他曾在叙利亚的沙漠中隐居过一段时间，这段经历备受画家们钟爱。在画作中，三十几岁的罗姆被描绘成老者的模样，但没有胡须，他全身消瘦，右手正举着石头准备击打身体来抵制饥渴带来的幻觉，颈项和肩膀上的肌肉因为用力而紧绷。据说，这是达·芬奇第一幅人体解剖方面的作品。

因为罗姆曾经为狮子拔过脚刺，于是，每幅表现这个主题的画作中必然出现狮子，达·芬奇的作品也不例外。但是，达·芬奇笔下的狮子绝对超越其他人的，他曾叙述过自己画狮子的过程："我曾在佛罗伦萨亲眼见过狮子舔食一只羔羊的过程，那里养着25只或30只狮子。狮子在舔了几口之后将羔羊身上大部分的毛都舔掉，然后慢慢吃掉。"可见，达·芬奇像小时候临摹狗和马一样，从对动物的真实临摹过程中打磨画艺，最终画出了栩栩如生的狮子。不仅如此，在达·芬奇的画中，狮子还带着更深的隐喻。如果我们尝试着换个视角，狮子就成为罗姆的观众，惊愕地张大了嘴，使画作带有了戏中戏的味道。达·芬奇还在这里玩了一个双关的把戏，那就是leone（狮子）和Leonardo（列奥纳多），可见，这个狮子还代表达·芬奇，他经常把自己比作“渴望光荣”的狮子。毫无疑问，此时，达·芬奇的画中已经出现了多重象征，而这种表现方式将会反复地在他的画作中出现。

这幅画更加精彩的地方在于达·芬奇对罗姆神情的刻画，狮子望着罗姆，罗姆一脸忏悔的表情望着上方的十字架，希望灵魂不会因饥饿和痛苦坠入魔鬼手中。在前人的作品中，罗姆一般都是坐于隐居的洞外，但在达·芬奇这里，罗姆显然是在洞内，而风景却随着图画右上方的洞口无限延伸，远方竟然还反常地出现了一个教堂，这或许是暗示罗姆的教父身份，又或许是表示罗姆的虔诚。后来经过考证，证实这个教堂就是佛罗伦萨的新圣母玛利亚教堂。

在此期间，达·芬奇还接到了一份重要的订单——为圣多纳托的奥古斯丁修道院绘制一幅大型祭坛画，也就是广为后人推崇的《博士来拜》。鉴于达·芬奇有不完成订单的“坏习惯”，合同中这样写道：“两年之内，最多不超过30个月，如果在规定时间内没能完成，创作者已创作完成的部分就会被予以没收，我们有权随意处理完成的部分。”除此之外，合同的其他条件也十分苛刻，达·芬奇不仅无法马上领到报酬，还要自己承担颜料等开支，但达·芬奇还是接受了这份订单。为了完成这份订单，达·

芬奇可谓入不敷出，他买不起颜料，便为修道院做些杂活，却只获得了一车柴火作为报酬，但这些艰辛更加凸显了画作的伟大。

《博士来拜》的内容是三个东方的国王来到伯利恒向初生的基督表达敬意，也是文艺复兴时期常见的主题。达·芬奇的《博士来拜》同他的其他作品一样，不同于同时期其他画家的作品，也正是这样才更加展现了他的与众不同。在这幅《博士来拜》中，所有的人物处在巨大的旋涡之中，而不是像先前的画作一样把人物安排在路上，这巨大的旋涡带有强大的冲击力和裹挟力，给人以强烈的视觉和心理冲击。这旋涡还带有一种不安的裹挟感，圣母子安详地坐在中央，而其他朝拜者虽然匍匐在周围，却带着诡异的威胁意味，似乎随时要将圣母子吞没。除了旋涡之外，圣母子和他们身旁的两位圣贤构成了金字塔结构，这将成为文艺复兴中常用的构图。更为重要的是，这幅画中精确地运用了透视法，让人仿若置身其中。另外，这幅画分为前景和后景，前景中每个人都对处在中间的圣母子表达虔敬的祝福，后景中却是希律王的屠杀，这再次构成了强烈的对比和冲突。除此之外，画作还带有宗教式的寓言，画中央的大树的根部似乎将要碰到小基督的脑袋，这暗

《博士来拜》

示了赛亚的预言："耶西的树干将会长出一根枝条，它的根会长成一个分支。"而破败的房子则暗指毁坏的"大卫的房子"，嫉妒的诞生则会使这房子复原。约瑟作为基督的父亲，一直在其他版本中占有重要地位，但达·芬奇却大胆地将其模糊化，不仅使他身处边缘地带，还无法明确辨认。将约瑟这样画似乎是达·芬奇的一个偏向，在他的其他画作中也常做这样的处理，我们无法确定这是否与他和父亲的关系有关，但也难免如此猜测。

不仅如此，经过研究，很多人都认为在画的最右边站着的那位年轻人就是达·芬奇的自画像。先不要惊讶，文艺复兴时期的画作经常以现实人物作为模特，也许这也是人文主义思想的反映，神开始人性化了。艺术家既可以把自己画进画中去，还可以按照委托人的要求把委托人的面孔画进画中以显示地位。《博士来拜》中的这个年轻人并未像其他人一样注视着中央的圣母子，而是把头扭向后方，用胳膊指示观众的视线，但自己却置身事外。他和当年韦罗基奥的大卫像如此相似，让人认为这就是时年 29 岁的达·芬奇。

这幅画作和达·芬奇的许多作品一样是未完成的，只是上了底色，细节部分甚至还处于草图阶段，但这完全不影响它的伟大，那些模糊未定的形象反而增添了它的魅力。最终这幅作品不仅未按时完成，也因为修道院被毁坏而未被交付，现收藏于乌菲齐美术馆。这幅画的状况不容乐观，画的表面覆盖着一层由胶水、油画颜料和树脂组成的光泽面，有些地方甚至因为氧化作用而被漂白。于是，乌菲齐美术馆在 2001 年时曾想清洁和修复这幅画作，让它再次清晰起来，但却遭到了外界的一致反对。我们并不需要清晰的画面，我们需要的是达·芬奇本身。

乌菲齐美术馆建于 1560 年，位于意大利佛罗伦萨市，原为美第奇家族的办公厅，“乌菲齐”在意大利语中即代表“办公厅”，现为世界著名的绘画艺术博物馆。该馆因收藏有大量的文艺复兴时期的绘画作品而闻名，有“文艺复兴艺术宝库”之称。

在自己的作坊里，达·芬奇不仅沉迷于绘画，当他在韦罗基奥的作坊接触了布鲁内莱斯基的起重机设计后，他热爱建筑的心又开始萌动了。此时，达·芬奇无疑对起重装置产生了浓厚的兴趣，他总是骄傲地向众人演示一个宏大的设计，那就是将佛罗伦萨圣乔瓦尼教堂的屋顶升高，目的是在毫不损坏原建筑的前提下在教堂下加筑台阶。这在人们看来是异想天开，但实际上并非那样不切实际，在此之前，就有工程师将教堂塔楼移走的成功经验，而加高台阶可以有效预防洪水的侵袭。

我们在他的手稿中发现了一个打开监狱门的装置，这个装置由一个三棱锥的绞盘和一个与之构成直角的螺栓构成，螺栓底部有一个被达・芬奇称为“火钳”的装置。考虑到萨尔塔雷利事件对达・芬奇的影响，或许他是希望借助这个装置打开监狱的门，重新回到自由的世界中。除此之外，达・芬奇还设计了水利发动的磨粉机、漂粉机和发动机，并细致而准确地绘制了图纸，从不同角度展示了这些机器并配以文字对原理进行解释。

除了这些机械外，达・芬奇还第一次考虑了人类的飞翔，在笔记中，他潦草地绘制了想象中的飞行器，机翼颇似蝙蝠的翅膀，尾翼则是鸟类短促而有力的尾巴。

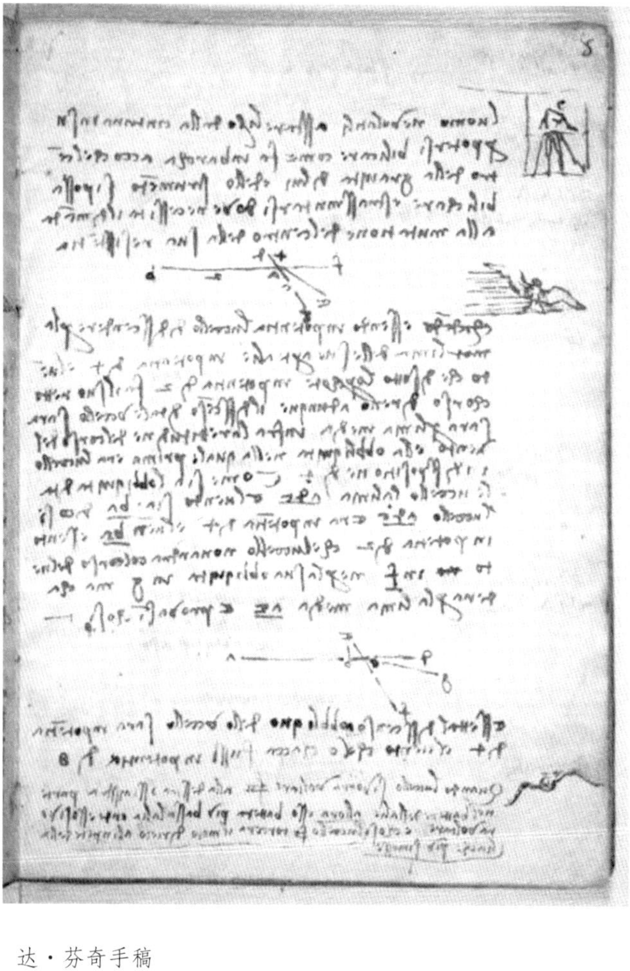

达·芬奇手稿

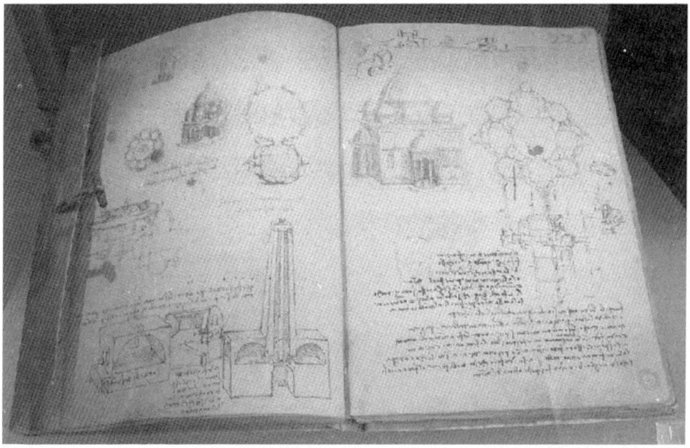

达·芬奇手稿

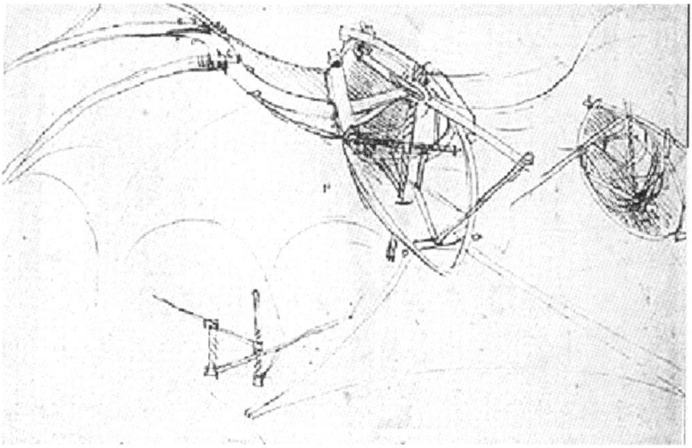

达·芬奇手稿

美第奇家族

文艺复兴时期的意大利不仅仅孕育着人文艺术，还充斥着政治的钩心斗角。当时的意大利半岛分为十二个独立的城邦，这些城邦之间尔虞我诈互相竞争，随时可能陷入全面战争。在这十二个城邦中，罗马、米兰、威尼斯、那不勒斯和佛罗伦萨是五个主要的大城邦，其中佛罗伦萨是家族统治，威尼斯是利益集团统治，罗马则是天主教的集权统治。而在意大利外部，还有东方奥斯曼帝国和西方法国的威胁，局势可谓风云变幻，动荡不安。

我们可能难以想象，艺术之都佛罗伦萨竟然是由美第奇家族的专制统治造就的，以至于文艺复兴时期佛罗伦萨的大师们几乎都是美第奇家族的门客，达·芬奇也不例外。1469 年，洛伦佐·美第奇继位，这是一位纵横捭阖的政治家，虽然进一步成就了佛罗伦萨的繁华，却也树敌不少。

就在达·芬奇的作坊成立的第二年，佛罗伦萨发生了著名的“四月阴谋”，是财大气粗的帕齐家族在罗马的支持下企图推翻美第奇家族统治的政变。四个刺客在星期天的弥撒仪式上刺杀了洛伦佐的弟弟朱利亚诺，洛伦佐也不幸负伤，但起义军却没能成功占领西纳里亚宫殿，以失败告终。美第奇家族对此进行了强有力的报复，第一天晚上就动用了大规模的私刑处决了大多数的起义者，对四个刺客更是穷追不舍。有三个刺客在事后被抓获并绞死，成功逃离意大利的刺客贝尔纳多·迪·班迪诺也于第二年在君士坦丁堡被抓获，遣返佛罗伦萨后被绞死。执行当天，达·芬奇也在围观的众人之中，他如实地记录下了当时的情况，不仅有犯人被绞死的素描，还有翔实的文字记录：“不大的棕褐色四角帽；黑丝哔叽紧身衣；带有衬里的黑色皮马甲；狐狸毛皮为衬里的蓝色外套；皮马甲领子上饰有片片红黑两色的天鹅绒；黑色长筒袜。”素描中，贝尔纳多双手反绑在身后，光着双脚，身体在空中摆动，神情忧郁而安详。无论是素描还是文字，都让人感到一种冰冷的感觉，死亡并未让达·芬奇内心波动起来，他只是拿起画笔如实记录，这让我们想到了他日后的解剖工作，同样冷静从容。这虽然是一幅写实的素描，但画作中人物的神情显然也不是符合美第奇家族主流观念的。在美第奇家族当权的时代里，一个年轻人要想在佛罗伦萨出人头地是无法避免与这个强权家族接触的，但达·芬奇对此的描述却是“美第奇家族创造了我，也毁灭了我”，那么，他们之间究竟有着怎样的故事呢？

达·芬奇的才华备受瞩目，但他显然不属于美第奇家族极为喜爱的年轻人。当政者洛伦佐是古典教育塑造出来的守旧者，他自小接受希腊文的教育，热爱传统学问和古代经典，这与从未上过大学、崇尚实践的达·芬奇完全背

美第奇家族建筑局部

道而驰。在这种情况下，达·芬奇先是卷入了萨尔塔雷利事件，然后又没有完成受执政团之托的圣贝尔纳多小教堂的祭坛画，还画了上述绞死刺客的素描，这一切都让美第奇家族颇有微词。

美第奇家族建筑局部

但不可避免，达·芬奇还是美第奇家族的门客之一，不仅作为画家，还作为音乐家和诗人。前面提到过，达·芬奇在韦罗基奥的作坊里曾和音乐家佛罗基俄学过里拉琴，在当时的佛罗伦萨，会演奏一样乐器是令人尊敬的。那么，什么是里拉琴呢？在文艺复兴时期的绘画中，常会出现天使弹奏里拉琴的形象，达·芬奇演奏的正是这种琴。里拉琴是在中古提琴的基础上改进而成的，而中古提琴是小提琴的前身。里拉琴有七根琴弦，其中五根用于演奏旋律，由心形的弦轴箱中的琴栓调音；其余两根琴弦是“开弦”，只能发出单一的音调，用大拇指拨弹来打拍子。达·芬奇的乐谱并未流传下来，但在他的手稿中我们仍能发现少量的音乐短句，他将图画、音符和文字融合在一起编成有趣的小谜语，其中有一则是这样子的：

amo［鱼钩的图画］；re sol la mi fa re mi［音符］；rare［文字］；la sol mi fa sol［音符］；lecita［文字］

在意大利文中 amo 是鱼钩的意思，那这个谜语就可以译成“Amore sola mi fa remirare，la sol mi fa sollecita”，意思是“只有爱情能使我记住，也只有爱情能使我充满激情”。

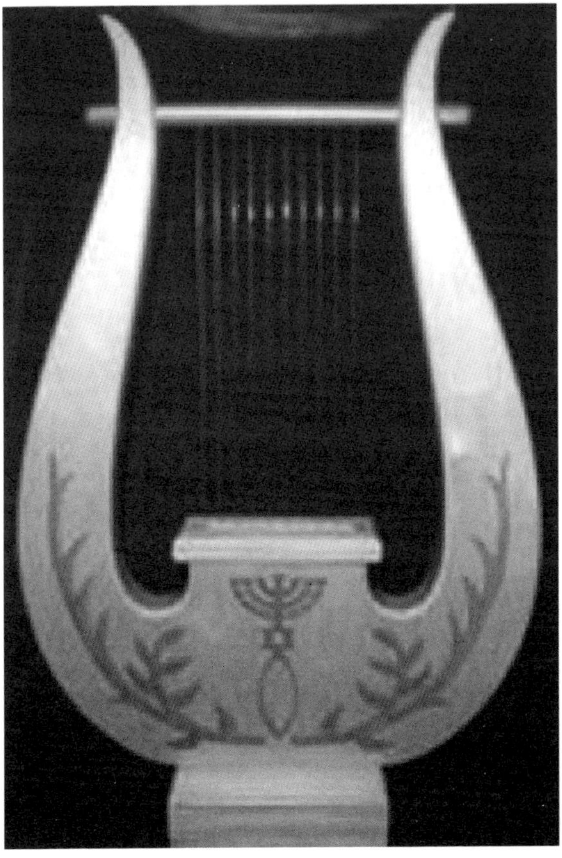

里拉琴

再结合里拉琴的用途和时代，我们可以推测，达·芬奇很可能会演奏以美第奇家族的狂欢节歌曲和曼图亚民歌为代表的音乐，主题大都和爱情有关，音乐明快轻松。在演奏时，达·芬奇还会即兴赋诗，或者吟唱洛伦佐·美第奇作的爱情诗。谈起这些作品，人们总是这样说："既符合大众口味，又具有贵族气派。"

而更多的时候应该是达·芬奇演奏，卡梅利演唱。卡梅利是当时佛罗伦萨著名的诗人之一，他的诗风曾被红衣主教总结为"幽默、刺激和甜蜜"。比如：

> 那个女人的情人在唱歌；
> 草地上满是白天的露水。

我们可以想象，在美第奇家族炫目的宫殿里，达·芬奇和卡梅利默契地演奏和吟唱，他们歌颂爱情，歌颂美第奇家族为佛罗伦萨带来的辉煌，一切是那样和谐，却又带着无奈和辛酸。也许是惺惺相惜，也许是同病相连，达·芬奇和卡梅利结下了深厚的友谊。在卡梅利给达·芬奇的一封信中我们发现了这样的句子：

> 列奥纳多，你为何如此烦恼？

从中我们可以看到，达·芬奇的生活此时并不很顺利，作坊里生意惨淡，强权者洛伦佐似乎并不十分看好达·芬奇的才华，而他却要每日强颜欢笑为洛伦佐演奏里拉琴。

1481年，促使达·芬奇出走米兰的导火索终于爆发。在这一年，洛伦佐决定在政治上向罗马示好，便派遣多名艺术家去罗马协助装饰新建的西斯廷教堂，被选中的艺术家有佩鲁吉诺、波提切利、吉兰达约和柯西莫·罗塞利，其中佩鲁吉诺是达·芬奇在韦罗基奥作坊的同学，波提切利则是达·芬奇挖苦过的画家。这份合同在经济上为艺术家们带来的收入不菲，在政治上又是文化宣传，被选中的艺术家代表了佛罗伦萨的艺术水准，这让经济吃紧、怀才不遇的达·芬奇大为光火。又逢《博士来拜》遇到创作上的瓶颈，达·芬奇可谓是跌进了低谷，正在这时，达·芬奇收到了米兰当权者卢多维科抛来的橄榄枝，他便收拾行囊北上而去。

第3章：在米兰的十八年

军事工程师、建筑师和解剖学家

米兰最初只是个城镇，罗马人称其为“梅迪奥兰”（Mediolanum），意思是“平原的中央”，听起来应该是水土丰饶的交通便利之地，但事实并非如此。米兰不仅自然环境恶劣，还因为地理位置受到周边国家的威胁：东有法国，西有威尼斯，北有罗马，南有佛罗伦萨，真可谓是四面楚歌。

与佛罗伦萨不同，米兰是封建城邦，主政者称为大公。当达·芬奇在1482年的冬季抵达时，米兰大公是焦恩·贾力佐，但实际掌权的统治者却是卢多维科·斯福尔扎。卢多维科·斯福尔扎家族是米兰崛起不久的新贵，从卢多维科的祖父穆佐·阿滕德罗开始登上历史舞台。穆佐·阿滕德罗是一名骁勇的军人，斯福尔扎是他作战时的名字，在意大利文中的意思是“以力服人”，他的儿子弗朗西斯科继任成为米兰大公。但是弗朗西斯科生性风流，在婚生子之外还有多名私生子，而继承他公爵地位的儿子贾力佐·马利亚有过之而无不及，是出名的暴君。贾力佐·马利亚在三十多岁时被刺杀，他唯一的儿子——八岁的焦恩·贾力佐继任，此时，野心勃勃的摄政卢多维科终于借助焦恩的年幼无知成功掌握了政权。

卢多维科的血液里流淌着祖父的血液，他冷酷果敢、野心勃勃，由于他性格豪放、皮肤黝黑，人们赠给他“摩尔人”的外号。卢多维科虽相貌粗犷、略显粗鄙，但着实是政治上的铁腕人物，以至当时有一首流行歌曲这样唱道：

天上只有一个上帝，
地上只有一个摩尔人。

卢多维科虽然缺乏文艺气息，但深知米兰的强大需广纳贤才。与此同时，达·芬奇大胆而准确地预测了卢多维科统治下米兰的需要，巧妙而不动声色地迎合专制者的野心和虚荣心。在给卢多维科的自荐信中，他把自己打造成了完美的无所不能的军事工程师，甚至还附上了一份详尽的军事机械列表：

1. 我能造出一种极其轻便而又坚固的桥，军队能携带行走数里，便于追击和躲避敌人。

2. 围城时，我知道如何排掉护城河里的水，还知道如何建造大量的桥梁器械，包括浮桥、云梯和其他远征器械。

3. 如果遇到地势过高或者地势险要而且坚固不易爆破攻陷的地点，我有办法破坏任何堡垒或要塞，哪怕它们建立在岩石之上。

4. 我计划造一种迫击炮，它能方便地喷射出暴风雨般的小石头，伴随着产生的烟雾，使敌军陷入混乱。

5. 我有办法在壕沟甚至江河底下挖掘迂回的地道，并且不发出任何声音，从而可以达到既定的目标。

6. 我能制造装甲车。这种车安全又坚固，可以冲锋陷阵，任何武器和部队都无法抵挡。紧跟在装甲车之后的步兵十分安全，不会遇到任何阻挡和伤害。

7. 如果需要，我能制造大炮、迫击炮和各种美观实用的轻武器，这些武器同通常使用的武器有很大的差别。

8. 如果炮击不起作用的话，我能制造弹弩、投石机和铁蒺藜，以及其他能发挥神奇功效和广泛用途的器械。

9. 如果发生海战，我也能设计各种最有效的进攻和防守武器，还有能抵御最猛烈的炮火攻击的战舰。

我们看到，这些武器中有“能方便地喷射出暴风雨般的小石头”的迫击炮，有“安全又坚固，可以冲锋陷阵”的装甲车，而达·芬奇最后还不忘补充“总而言之，我能发明不计其数的各种用于攻击或防守的机器”。

我们似乎很难想象，达·芬奇是以军事工程师的身份前往米兰的，但事实就是如此。无论是否是佛罗伦萨的境遇让达·芬奇想要暂时放下画笔，无论这些武器是否是纸上谈兵，达·芬奇都达成了自己的愿望，成为米兰的军事工程师。

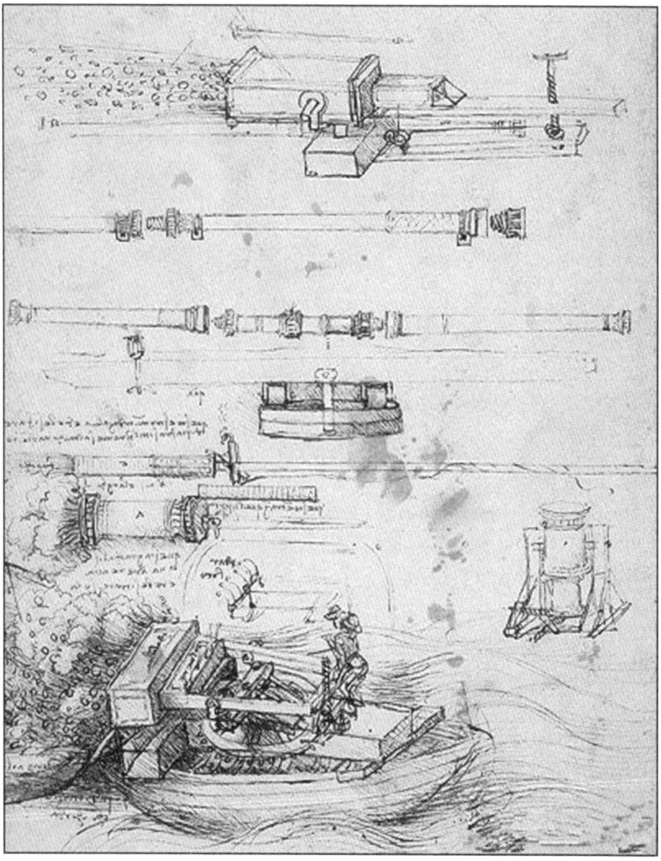

达·芬奇手稿

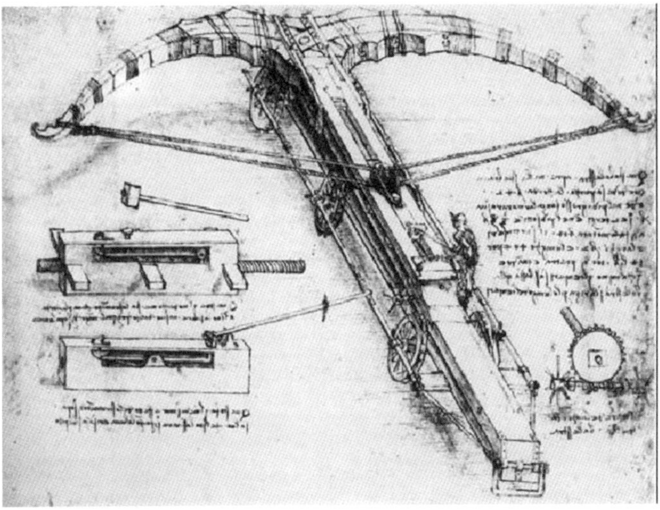

达·芬奇手稿

达·芬奇在自己的手稿中设计了众多的军事武器，有“可以用于夜间攻击桥梁”的潜水艇；有利用阿基米德的蒸汽压力理论设计的铜制大炮，它的“炮弹猛地射出，声如咆哮，简直就是个奇迹”；有采用鸟类飞行原理设计的水平式扑翼飞机和垂直式扑翼飞机……这一切都像是幻想，被潦草地记录在纸张之上，虽然现在这些技术已经不再是幻想。

和达·芬奇画在稿纸上的军事武器一样，他的建筑设计也只能在稿纸上留给后人瞻仰。当米兰大教堂的财产委员会打算给大教堂添加一个穹顶时，达·芬奇跃跃欲试，甚至还准备了一份热情洋溢的演讲稿：

> 大家都明白，只有正确服用药物之后，它才会恢复病人的健康。如果一个人既了解人、生命和人体构造，又熟稔药物的特性的话，他才能正确使用药品。对这些事情了解透彻的人也势必知道其对立面，成为一个无人能及的高明医生。这也正是患有痼疾的大教堂所需要的。大教堂最需要一个医生般的建筑家，他应深知建筑的本性，懂得正确建造房屋所要遵循的准则。

这份演讲稿还有个漂亮的结尾："选我，或选择表现比我更好的人。不要掺杂任何感情色彩。"看来，自信的达·芬奇志在必得，可惜延期了三年的项目最终让达·芬奇失去了兴趣，而将建筑比作身体的理论和这份演讲稿也一起沉入了历史中。但是，在此期间达·芬奇对建筑学的研究却没有被历史的尘埃湮没，他说明了拱形结构是如何分配重量的：

> 井里有个秤，一个人站在秤上。他伸出手和脚抵着井壁，你会发现秤上显示的体重要比原来低不少。

如果在他的肩膀上附加重物，你会发现加的东西越多，他的手臂和腿部对井壁的压力就越大，秤上的读数就越小。

就这样，达·芬奇形象地说明了拱形结构可以横向分配负重而非仅依靠竖直支撑力量的原理。

与军事工程师和建筑师不同，达·芬奇在解剖方面可谓实践出真知的典范。达·芬奇很早就对人体解剖产生了巨大的兴趣，他在这方面的成就也的确拓宽了他的艺术之路。在达·芬奇看来，解剖学是绘画的基础，他曾在笔记中写道："这种表现形式对一名优秀的绘画者十分重要，就好比优秀的语法家要知道单词的拉丁文起源一样。"我们不知道达·芬奇究竟是何时开始真正接触解剖的，但在米兰时，达·芬奇对解剖的兴趣最为强烈，甚至打算出一本名为《论人体的形态》的解剖方面的书，关于这本书，达·芬奇这样描述：

这一著作应该从人的概念开始……并且将描述子宫的性质，以及婴孩是如何在其中生存的，描述其成长的各个阶段以及在其中被养育的方式，还有它的成长以及各个阶段的间隔，是什么力量使其出生，又是

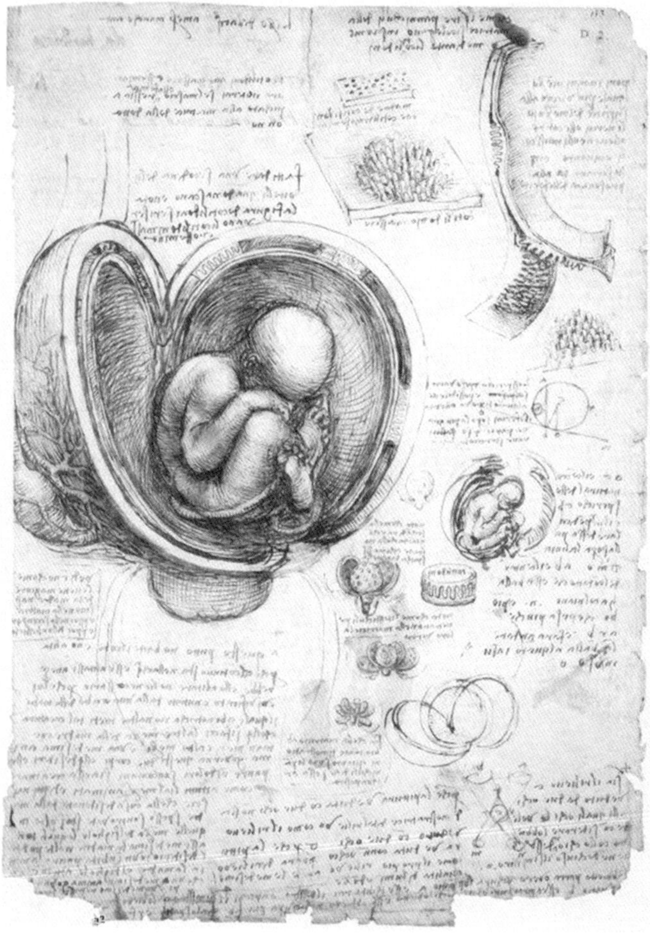

达·芬奇手稿

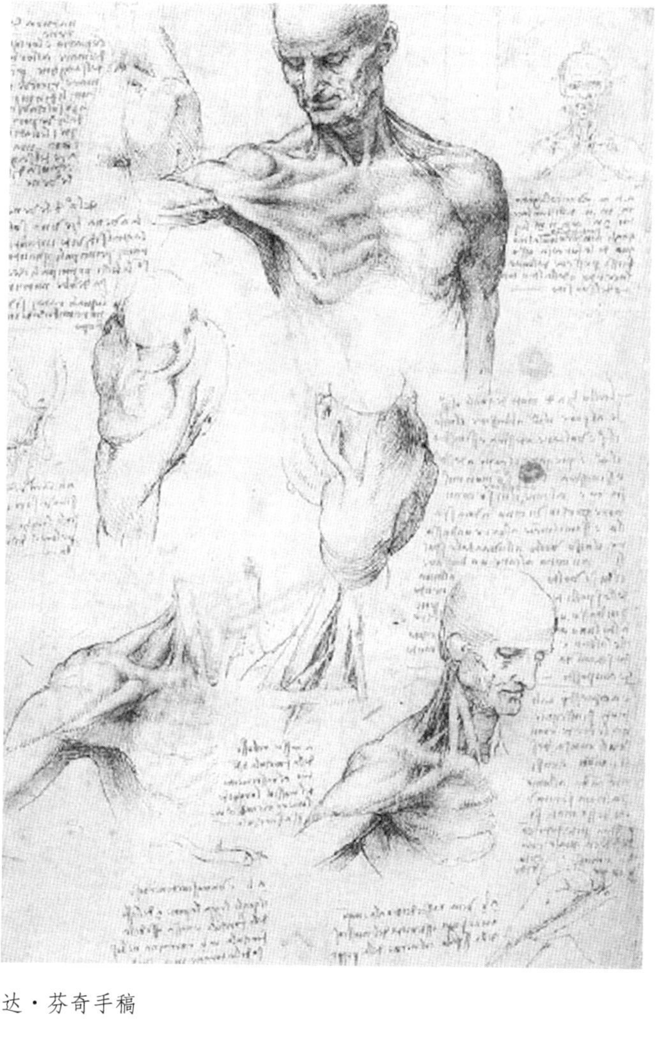

达·芬奇手稿

什么原因使有些婴孩出生的时间比预定的要早。然后我将描述当婴孩出生后，哪些部位生长得快一些，并且测量一个一岁婴孩的尺寸。我将描述成年的男人和女人，他们的尺寸和他们的脸色、肤色以及相貌的种类。描述他们是如何由血管、神经、肌肉和骨骼所组成的。这部分我将在书结尾时完成。我将分四部分描述人的普遍状态，即：欢乐和与之相关的不同形式的笑，还将描述笑的原因，不同方式的哭泣及其原因，争斗及相关的杀人、逃避、恐怖、凶残、勇敢、谋杀和属于所有相似情况的不同形式，包括行走、推、抬、静止、支撑及相似行为。然后描述姿态和运动；然后是通过眼和耳……的功能所进行的观察……

寥寥数字已经使我们看出这将是一部伟大的巨作，达·芬奇只是从解剖学出发而已，他想要研究的是人类甚至于整个世界。

为了给这本书附上真实而准确的图示，达·芬奇在这一时期又绘制了一系列的素描，其中有的展示了人类的肌腱和肌肉运动，有的展示了人体的比例，而最为著名的当属《维特鲁威人》，也称《神圣比例》。之所以称为维特鲁威人，大概是因为达·芬奇深受维特鲁威的影响。维特鲁

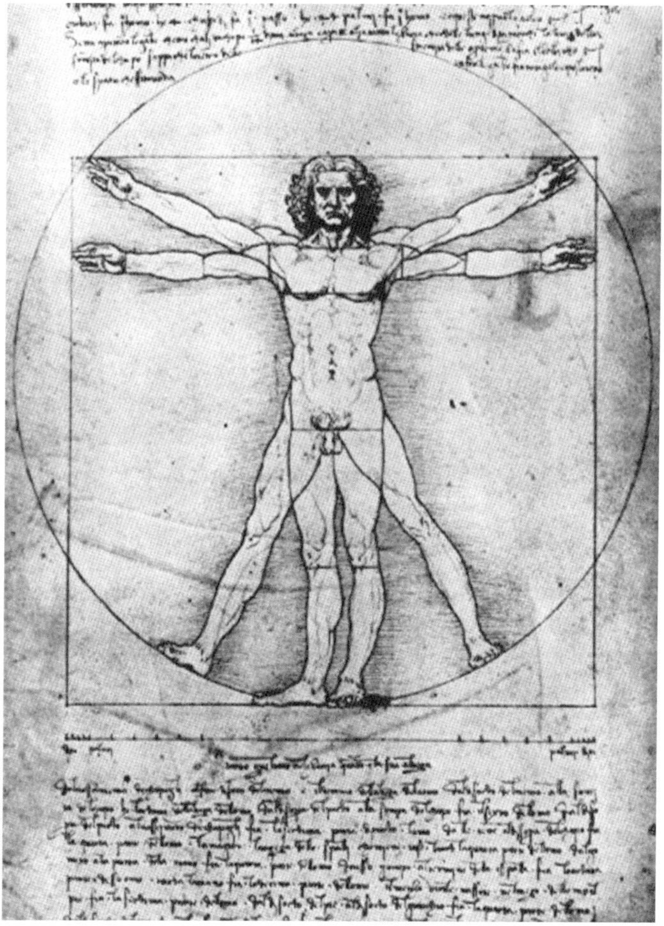

《维特鲁威人》

威是公元1世纪时罗马伟大的建筑家和军事工程师，他在著作中提出了关于人体和谐比例的相关理论，而达·芬奇的素描中的一些人体比例也是从中截取的，例如：肘部到手的中指尖的长度为身高的五分之一；肘部到腋窝的长度为身高的八分之一。《维特鲁威人》是一幅钢笔素描，描绘了一个男子，男子的头部保持不动，但身体做出了两个姿势。首先，男子身处一个正方形中，双脚并拢、双臂水平伸出，这时便验证了“人伸开手臂的宽度等于他的身高”。接下来，男子身处一个圆中，双腿跨开，胳膊微微高举，此时便验证了更为专业的维特鲁威定律：

> 如果你双腿跨开，使你的高度减少十四分之一，双臂伸出并抬高，直到你的中指的指尖与你头部最高处处于同一水平线上，你会发现你伸展开的四肢的中心就是你的肚脐，双腿之间会形成一个等边三角形。

如果仅仅停留在对人体的形态的研究上，那最多是个一流的解剖学家，而无法成为达·芬奇，达·芬奇已经开始在解剖学的基础上思考死亡和灵魂。他从不同角度描绘了人类的头骨，有侧面图，有截面图，有俯视图，有表现脸部血管分布的，有表现颅内神经的……而这些只是达·芬奇研究的基础，这些素描更大的价值在于达·芬奇的批注，其中一幅头骨素描被按比例分割成方形，其中两条线段相交的地方被达·芬奇认为是人类灵魂居住的地方，也就是亚里士多德曾经假设的“共通感”所在地。在达·芬奇看来，共通感是用来判断其他意识所提供的信息的器官，处在大脑的中央，是灵魂的来源。可是，达·芬奇并未进一步解释为何简单地把人的灵魂放置在此处，而现代科技也早已证明人类的大脑并非如此，但是达·芬奇对人类灵魂的思考仍是令人尊敬的。

亚里士多德（前384—前322）

古希腊哲学家、科学家和教育家。柏拉图的学生、亚历山大大帝的老师。他的著作包含许多学科，包括了物理学、形而上学、诗歌（包括戏剧）、生物学、动物学、逻辑学、政治学等。和柏拉图、苏格拉底（柏拉图的老师）一起被誉为西方哲学的奠基者。亚里士多德的著作是西方哲学的第一个广泛系统，包含道德、美学、逻辑、科学、政治和玄学。

瘟疫中的巨作

在达·芬奇到米兰的第二年，黑死病开始在米兰蔓延，并一直持续了三年。这次的瘟疫要比达·芬奇在佛罗伦萨经历的严重得多，每天都有成车的尸体被运送和掩埋，整个城市处在恐惧的阴霾之中，人们的祈祷也变得歇斯底里。

这个疾病蔓延的城市让达·芬奇困扰不堪，要知道达·芬奇的手指上可是常会带有玫瑰水香味的，他曾抱怨："人们就像山羊一样，成群结队，摩肩接踵，走过之处臭气熏天，到处传播瘟疫和死亡。"于是，达·芬奇几乎终日待在作坊里绘制着心中的天堂，这就是另一幅巨作《岩间圣母》的诞生过程。

这又是一个能够带来光荣和荣耀的订单，是无沾成胎协会与达·芬奇、伊万杰利斯塔、安布罗焦·德·普雷迪三位画家共同签订的，内容是为米兰最大的教堂圣弗朗切斯科·格兰

岩间圣母

德教堂绘制祭坛装饰画。这幅装饰画要由三幅画构成，毫无疑问，达·芬奇负责中心画，即《岩间圣母》。按照合同的要求，画作中圣母子身边应围绕一圈小天使和两个先知，但“善于”违约并带来惊喜的达·芬奇肯定不会如此按部就班，最终画作上只出现了一个天使，先知不见踪影，反而凭空多出了小圣约翰。但无沾成胎协会还是欣然接受了这幅画作。

与米兰瘟疫肆虐的景象截然相反，《岩间圣母》完全是一派安宁迷人的景象，虽然也带着些许荒凉。这幅画作同《天使报喜》一样，把人物置于场景之中：圣母子一家在赶路途中感到疲惫且天色已晚，于是就决定在这个山洞中过夜。在这个与世隔绝的山洞里，天使的手指向一处，小圣约翰的手作祝福状，圣母安详而富有力量，抬起左手为圣子遮光，荒凉的山洞瞬间变得温暖和安全。在这幅画的左上方依旧是别有洞天，像是一扇可以通往外部的窗子，这不禁让人想到了《圣哲罗姆》中的洞口。除此之外，达·芬奇将自然界的岩石和植物搬到了画布上，不仅真实而生动，重新组合后还带有深思熟虑后的宗教象征：圣母头部的右侧是象征“圣灵的鸽子”的耧斗菜；圣子脚下是象征爱与前程的心形叶子植物，膝盖旁则是象征美德的报春花；小圣约翰脚下是象征重生的莨菪。但是，让人疑惑不解的是，传统上认为基督和圣约翰应该在圣家族离开埃及的途中相遇，而达·芬奇却将两人的相遇设计在这个山洞中，在两人还年幼时。

但是，现藏于英国伦敦大英博物馆的《岩间圣母》却并不是这一幅，而是达·芬奇另行绘制的一幅。与先前的版本相比，这个版本显然作出了让步和妥协，更具有宗教氛围：岩石完全遁入了黑暗之中，四位主要人物凸显出来。为了更加明显地区分小基督和小圣约翰，达·芬奇在小圣约翰的肩上增加了十字架，并且在圣母子和圣约翰头上都添加了圣光轮。非常值得注意的一点是天使收回了食指，圣母的手却显得更加有力。当先前版本的《岩间圣母》面世时，圣母和天使的手势可谓是十分惹人注意，也引发了不同观点的讨论，而这些都根源于手势对传统的突破。不仅如此，达·芬奇在后来的作品中也出现了这样的手势，如《圣母子与圣安娜》中圣安娜伸出了左手的食指，《施洗者约翰》中也有伸出的右手食指。我们不知道达·芬奇究竟想要通过这样的手势表达什么，但是显然达·芬奇在第二版的《岩间圣母》中作出了妥协，使它回归了传统的风格，但也成为附庸之作。

但是，瘟疫是无处不在的，瘟疫未侵扰达·芬奇的肉体，却在他的内心中肆虐。达·芬奇无法只生活在《岩间圣母》的虚构的美好之中，现实让他无处可逃，他在这一时期画了众多的寓言画，最为主要的是“享乐之后就是痛苦的必然性”和“妒忌对美德的攻击”两个主题的素描。这两张素描较为粗糙，但是其内涵却涉及了哲学中的两面性，有着更为重要的价值。在享乐和痛苦的寓言画中，享乐和痛苦被描绘成一个身躯上的两个头和两对胳膊的男人，其中享乐是长发的青年，痛苦是瘪嘴的老人，达·芬奇在旁边注释：“享乐与痛苦是双胞胎，因为他们密不可分，仿佛就是黏在一起的。”在妒忌和美德的寓言画中，妒忌和美德也被描绘成一个连体人，达·芬奇对此的注释则是：“美德出生之时，她又生出妒忌与自己作对，妒忌就像美德的影子永远伴其左右。”在这一类寓言画中，还涉及快乐、财富、忏悔、忘恩等多个主题。这些寓言画给人以一种不安的感觉，达·芬奇内心的混乱似乎从这时开始显现了。

除此之外，在瘟疫中，达·芬奇还思考了理想的城市建构，希望这样的城市是一个干净有序的城市，可以避免瘟疫的肆虐。为此，达·芬奇还画了一幅未来城市的设计图，这个理想城市有两层，上面一层为行人区，下面一层是人工水道运输系统、商铺和普通人的住所，楼梯是螺旋

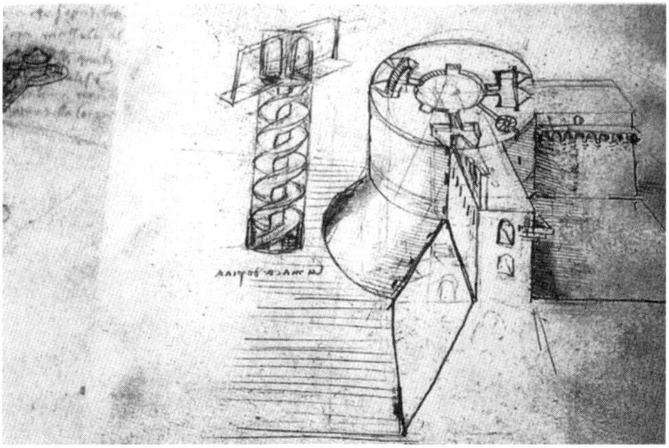

达·芬奇手稿

梯以防止有人在阴暗处随地大小便。在这场瘟疫的刺激下，达·芬奇总想改进公共卫生，甚至还为此设计过理想的厕所：

> 厕所里的坐垫应像女修道院里的十字转门那样转到另一边，然后凭借平衡力重回原来的位置。厕所的天花板应打有小孔，以便通风，使里面的人呼吸顺畅。

瘟疫还使得达·芬奇再次拾起了飞翔的梦想，但他却未设计飞机，而是设计了降落伞，他绘制了一幅降落伞的草图，并配以文字："如果人身上披着 12 臂长宽、12 臂长长的用亚麻布做成的降落伞，那他无论从多高的地方往下跳都会毫发无伤。”这听起来像是一场荒唐的冒险，但2000年时英国跳伞运动员阿德里安·尼古拉斯实现了达·芬奇的梦想。尼古拉斯将亚麻布换成了棉质油画布，制成了重达两百磅的巨大的降落伞，他从近一万英尺高的地方试跳，降落过程十分顺利，只可惜必须在最后阶段抛弃这庞然重物采用现代降落伞，否则将会被它死死压住。

我们不知道达·芬奇是何时开始写笔记的，据我们所知，在韦罗基奥作坊时达·芬奇就已经有了记录的习惯，但是现存的第一批完整的笔记本记录的时间段是15世纪80年代，也就是他在米兰的瘟疫期间。我们知道，达·芬奇不仅是画家、雕塑家，还是科学家和哲学家，他涉猎的主题包罗万象，他就像一台永动机一样，对这个世界永不停歇地探索，不知疲倦，然而他却在笔记中这样写道：

> 想想我无法完整地选择有用或有趣的主题，不能像以前的人为他们自己选择主题般，我就像是最后来到宴会的客人，不但无法选择自己想要的东西，还必须对早到者已观赏过、但价值渺小而不屑一顾的东西感到满足。这个受轻蔑、鄙视、又被许多买主拒绝的商品我只好塞进包袱里，无法在大城市中贩售，只能

在穷乡僻壤廉价贩卖。

这段文字实在让我们自惭形秽，它让我们看到了一个先驱对知识的不断渴求。这第一批笔记本可谓是一个思想的大杂烩，前文中所说到的军事武器、建筑设计稿、理想城市、降落伞等都在这批笔记中，除此之外还有达·芬奇独有的梦呓般的句子和各种素描。

这一批笔记本中有著名的“巴黎手稿 B”，有《福斯特抄本》，还有《特里武尔奇奥抄本》。在《特里武尔奇奥抄本》中，达·芬奇列了一个长长的书单，有学习拉丁文的《语法进阶》，有《自然史》，有《新算术》，还有《圣经》《哲学家们的一生》等等。印刷书籍在当时是价格不菲和珍贵的，它们“装帧精美，用银色和鲜红的布包裹起来”，图书馆里甚至都没有印刷书，都是手稿。达·芬奇无疑是喜爱收藏书的，而且涉猎广泛，从语言到自然再到数学，还有科学、宗教和文学等等。

我们知道达·芬奇没有接受过正规的拉丁文教育，也许是出于阅读资料和书籍的需要，他在这时才自学拉丁文，虽然他极为提倡使用意大利文。对于意大利文，他感慨道：“我的母语中拥有这么丰富的词汇，所以我理应抱怨自己不够了解事物，而非埋怨文字不足以适切表达我的想法。”

达·芬奇的笔记本

达·芬奇在文字上并非十分自信，当然他对文学创作并非十分看重，他只是希望能够准确地运用文字来表达。为此，他开始不断地锻炼自己的语言表达，还开始创作故事。

在达·芬奇的一本笔记上，我们发现了一个非洲巨人的小故事。达·芬奇用众多的形容词来描绘这个非洲巨人，他有着“骇人的黑脸”“发红的眼睛”“宽大的鼻孔”和“厚厚的嘴唇”。这个非洲巨人和人类之间爆发了战争，渺小的人类只能“在巨人身上飞跑，如同蚂蚁爬上一棵倒在地上的橡树的树干一样”。最后，非洲巨人吃掉了所有的人。在这个故事中，达·芬奇把自己设定为叙述者，这个叙述者最后说道：“我不知道要说什么，要做什么，我总是感到自己身体倒置向下漂去，穿过那个巨大的喉咙，最后就葬在它硕大的肚子里，不知自己是死是活。”这是个有趣的故事，结尾也耐人寻味，看起来，达·芬奇对自己的语言能力愈发自信了。但是正如上文所说，达·芬奇只是将语言作为表达的工具，在他看来绘画是高于诗歌的。

由此看来，瘟疫中的恐惧和荒凉并未打倒达·芬奇，而是进一步激发了他的创作欲望，不仅使他脚踏实地地设计和创作，还使他不断朝着自己的理想国迈进。

卢多维科的宫殿

在局势动荡不安的意大利，达·芬奇是个在米兰的异乡人，无论走到哪里，他都带着被他抛弃的佛罗伦萨的标记。初来乍到，达·芬奇迫切地希望在米兰求得生活，而这免不了讨好“摩尔人”卢多维科。

达·芬奇的自荐信的确吊足了卢多维科的胃口，但事实也证明在那个年代达·芬奇的军事工程不过是异想天开而已，面临如此窘迫的境地，达·芬奇只好使出浑身解数来力挽狂澜。还记得，在美第奇家族的宫殿里，达·芬奇曾弹着里拉琴吟唱着爱情诗，那么，在卢多维科的宫殿里，达·芬奇又要怎样讨得钟爱呢？

其中的一个技能是画谜，就是用绘画来表现谜面，是当时宫廷中常玩的游戏之一。据流传下来的画作统计，达·芬奇共画了154个画谜，它们大都是即兴而作，寥寥数笔但构思精妙有趣。例如达·芬奇会将字母“O”和一只梨（pera）放在一起，这便构成了谜底“opera”，意为“艺术品”。又如，达·芬奇画了一张脸（faccia）和一头驴（asino），这组成了短语“facasino”，意为“某人把事情弄得一塌糊涂”。这些短小有趣的画谜总是能博得朝臣一笑。

除此之外，达·芬奇还会写些笑话式的谜语，类似于小孩子常玩的脑筋急转弯，只是更雅致些，用语言来传达些双关语的内涵，和画谜有异曲同工之妙。例如：“当脑袋从身体上移开，身体就会变大；当脑袋放回原位，身体就会变小。”其中“身体”是指枕头。又如：“借助星星能像速度最快的动物一样走的人。”其中“星星”是指形状像星星的马刺，使用了马刺，人自然走得飞快。当然，达·芬奇也会出一些寓意深刻的谜语，由于达·芬奇对大自然有着深刻的感情，他总会在一些寓言中表现出对大自然的热爱，例如：“许多人会将母亲的皮剥露在外面。”这是指耕田的人。又如：“人们狠狠地击打将赋予他们生命的东西。”这是指打谷的人。有时，达·芬奇的谜语也会表现出自己内心深处的愤怒和痛苦，例如：“对某些孩子是温柔慈祥的母亲，对其他孩子是冷酷无情的母亲……我看见你的儿子被卖为奴隶，终生服侍压迫者。”答案是“驴子”。再比如：“我们看见父母关爱继儿胜过亲生。”答案是“树木”，因为树木会滋养嫁接过来的枝条。这些谜语无疑在朝臣们的笑声中被遗忘，但达·芬奇作为私生子和缺少父母之爱的伤痛却使他久久难以忘怀。

有了引人发笑的画谜和谜语，自然还要有更为直接的笑话，在达·芬奇的笔记中充满了笑话，这里试举一例：

> 一个人想要得到毕达哥拉斯的承认，证明自己有前生。另一个人根本不相信这回事。第一个人因此说道：“我前世来过这里，我记得你前世是个磨坊工人。”另一个人觉得这是在挖苦他，因此反唇相讥道：“你说的没错，我还记得你就是为我运面粉的那

头驴。”

看到这里，我们难免觉得心酸，甚至会觉得连达·芬奇大师的地位也降低了，文艺复兴的三杰之一怎么能屈尊成了宫廷宠臣呢？也许，在我们的印象里，大师们应该是不食人间烟火的样子，似乎只有经历了怀才不遇、食不果腹的日子才配得起大师的称号。但达·芬奇让我们知道，一个懂得经营自己才能的能屈能伸的大师也是令人敬重的。

从一个来自佛罗伦萨的异乡人到得到卢多维科的喜爱，达·芬奇整整用了七年时间。除了要做些画谜、谜语和笑话来博得宫廷中人的喜欢外，达·芬奇还为卢多维科的情妇切奇利亚·加勒拉尼画了一幅著名的肖像画《怀抱白鼬的女人》。卢多维科十分喜爱切奇利亚，而切奇利亚也为了卢多维科毁弃了自己的婚约。虽然卢多维科最后还是屈从于政治上的联姻，娶了一位公爵的女儿，但卢多维科在婚后也仍然深爱着切奇利亚，而切奇利亚也为卢多维科生下了一个私生子。在达·芬奇的画中，切奇利亚怀中抱着白鼬，沐浴在柔和的光线中专注地望着画外的世界，像在安静地倾听。曾有一位诗人这样描述这幅画：

《怀抱白鼬的女人》

美丽的切奇利亚，她那美丽的双眼

似乎令太阳都失去了光芒

……

要感谢卢多维科

感谢列奥纳多的才华和精巧的双手

他们都想让她永垂不朽

这绝非奉承之词，《怀抱白鼬的女人》被普遍认为是除了《蒙娜丽莎》外，达·芬奇最杰出的肖像作品。但画中的白鼬绝非可以被驯化得如此温顺的动物，作画时切奇利亚也不可能真实地怀抱着白鼬，那达·芬奇为何会采用白鼬这个形象呢？白鼬是意大利北方的动物，它的毛皮在冬季雪白无瑕，因此，白鼬象征着纯洁和白净。除此之外，白鼬在希腊语中写作“gale”，正好切合切奇利亚的姓氏——加勒拉尼（Gallerani）。但是，很多人也许想不到，白鼬还象征着卢多维科，因为卢多维科曾被授予“白鼬”的头衔。因此，这幅画作中的白鼬可谓是一箭三雕，充满着让人惊喜的象征意义。可是，画作中的白鼬看起来似乎和切奇利亚的气质有些偏离，切奇利亚是安静而略带忧伤的，但白鼬却显得有些凶猛，似乎还想要脱离切奇利亚的怀抱。看来，我们的达·芬奇在这幅画作中巧妙地表达了自己的感情。画作中的白鼬肌肉发达，死死地抓住切奇利亚的衣袖，但眼神却警惕并且锐利，这也许就是达·芬奇对卢多维科的印象。

15 世纪 80 年代末，达·芬奇在米兰创建了自己的工作室，《怀抱白鼬的女人》就是在这间工作室里完成的。这个工作室和达·芬奇在佛罗伦萨的作坊并无很大的差别，可能只是多了几个学徒。在这间工作室中，达·芬奇出品了诸多的宫廷画像和宗教题材的作品，且价格不菲，达·芬奇甚至有些自负地说："即使我的作品的后期制作是由我的追随者完成，它们也受人喜爱。"但是达·芬奇也知道，这些画作并不都是自己满意的，更多的是商业和奉迎之作罢了，于是他便也放手让助手和学徒们去制作。有一幅宫廷画像《音乐家》，可以说是米兰工作室最精彩的肖像画之一，而且可以说是达·芬奇所绘制的唯一一幅男子肖像画，虽然他的手稿中有许多草图。这幅画本来叫作《一个米兰公爵的画像》，后来经过修复发现画中人右手里出现了一个音符，故改名为《音乐家》。这幅画作和《怀抱白鼬的女人》有异曲同工之处，即为了凸显人物的脸庞，有意模糊画作的边缘地带。在《音乐家》中是衣服的

《音乐家》

边缘，在《怀抱白鼬的女人》中则是人物的左手。当然，也有人说这是因为画作并未完成。还有一幅画作是《戴珍珠项链的女士》，这幅画作应该是卢多维科的妻子贝娅特丽丝·德斯特的肖像画，虽然也十分精彩，但并非出自达·芬奇之手，只能说是工作室的作品。除此之外，工作室还出品了一系列的宗教作品，如《哺乳圣母》《圣母子画像》等。但这些作品显然都是助手们临摹而成的，达·芬奇只是偶尔补充一两笔，但似乎达·芬奇也不愿绘制这些作品，更不在乎这些画卖得很便宜。

全能的达·芬奇还成了室内装潢师。1497 年，卢多维科的妻子因难产而辞世，难过不已的卢多维科希望达·芬奇可以把城堡北面的边房改造成自己的住处。这个边房带有一个名为阿斯的大厅和两个“黑色小房间”，达·芬奇用了五个月的时间来装饰这个边房。在阿斯大厅中，达·芬奇在天花板和墙壁上绘制了一幅绿意盎然的壁画，让这个阴暗潮湿的房间瞬间明媚起来。有人这样描述这幅壁画：“人们能在书里面找到列奥纳多自创的一个技巧，所有的树枝都形成奇怪的花结图案。”在这幅壁画中共出现了 18 棵树，枝条相互交结却并不混乱，繁花满枝，最后枝条会聚到天花板上印有卢多维科和妻子联结的手臂的水晶石上。

这幅壁画还有着更深的内涵，树干和繁花象征了斯福尔扎家族的力量和从不间断的延续。但是，令人不解的是这幅壁画竟被用白色的涂料掩盖，直至1893年才再次出现在人们眼前。

当时米兰的朝臣托马索·特巴尔蒂说过一句话：“活在宫廷，死在救济院。”我们往往看到艺术家们光鲜的一面，但他们背后的辛酸谁又知道呢。

宫廷生活占据了达·芬奇宝贵的艺术创作时间，让他心生懊恼和悲怆，但幸运的是达·芬奇并未因此沦落为宫廷弄臣。在空闲时间里，达·芬奇会带上他的速写本在米兰的大街上游荡，对人们的神态动作等进行速写。他还会做些略显荒诞的事情，譬如说用可怕的蜡制雕塑吓唬人以记录人们惊愕慌乱的表情。而关于这些事情，也有前人的记载：

> 有一回他打算画一些农民大笑时的样子。他四处物色合适的人选，找到以后，就跟他们交上朋友，之后在一些朋友的帮助下为他们举办了一场晚会。在晚会上他坐在那些农民的对面，并跟他们讲世界上最不可思议和最荒谬的事情，逗得他们捧腹大笑起来。在这些人都不知情的情况下，他把他们的姿势以及对他

的荒唐笑话的反应印在脑海里。在他们告辞之后，他回到自己的房间，完成了一幅无懈可击的素描。当人们看到这幅素描时，也禁不住大笑起来，好像他们也在听列奥纳多在晚会上讲那些故事一样。

但无论如何，达·芬奇终于成为卢多维科最钟爱的万能艺术家。1497 年，卢多维科将一个葡萄园作为礼物和奖赏送给了达·芬奇，这就是达·芬奇在遗嘱中留给小魔鬼萨莱的房产。对于一个异乡人，土地给了达·芬奇莫大的安全感和归属感，这是闹市中绝佳的隐居之处，甚至让他想起了那个同样有着葡萄园的故乡。

未完成的雕塑

早在 15 世纪 60 年代末期，当达·芬奇还在佛罗伦萨做学徒时，卢多维科想为父亲弗朗西斯科·斯福尔扎建造一尊巨大的铜马像的想法就传遍了佛罗伦萨的大街小巷。

1482 年，达·芬奇在给卢多维科的自荐信中，也表示了他对这座铜像的兴趣。

1489 年，也就是达·芬奇到米兰的第七个年头，卢多维科终于把这项工作交给了他钟爱的达·芬奇。这将是一个浩大的工程，达·芬奇要建造和实物一般大小的黏土雕像用以作为铜像的模具，而不是像其他雕塑工程一样只做小模型。达·芬奇欣然接受了这个工作，在后面的几个月中，达·芬奇在卢多维科给他的住处韦奇奥宫中开始专注地绘制雕塑的设计图。

韦奇奥宫是米兰的旧宫，也是曾经执政的维斯孔蒂家族的宫殿，紧邻米兰大教堂。能够获得在韦奇奥宫的居住权，证明过去七年达·芬奇的努力得到了认可，着实是让达·芬奇欣喜的报酬和礼物。

我们似乎已经习惯了达·芬奇不按常理出牌的性格，不论是《圣哲罗姆》，还是《博士来拜》，一切传统的题材到了达·芬奇这里总是有与众不同的地方，这次的铜马像也不例外，达·芬奇可谓是绞尽脑汁想再带给世人一个惊喜。

历史上著名的铜马像姿势都大同小异，为了表现主人公的气魄，马总是抬高左边的前腿作出冲锋陷阵的姿态，这样也是考虑到了力学的平衡,马的其余三条腿可以安

铜马像

达·芬奇手稿

放在底座上起到良好的支撑作用。但是，我们的达·芬奇却想把马设计成后腿直立的姿势，这就使得如何只用马的两条后腿支撑雕像的重量成为了难题。达·芬奇自然也想到了这个问题，为此他绘制了多幅草图，有的草图中马的前蹄踩着敌人的身体，有的草图中则是踩着树桩，但这些方案达·芬奇都不满意，以至于他最终放弃了直立的方案，转而采取马小跑的姿态：

> 模仿古迹比模仿现代的东西更值得称颂。
>
> 正如城堡和人类展示的那样，美丽和实用无法并存。小跑的姿势几乎使马不受任何羁绊。
>
> 凡是失去自然、活泼的地方我们必须人为地添上去。

在草图设计完后，该进入铸造阶段了。斯福尔扎铜马像的铸造分为三个阶段：第一阶段用黏土制造实物大小的模型；第二阶段制造模具，即将黏土模型的蜡质印模夹在两个耐高温层之间，并用铁框架在外部扣牢；第三阶段采用熔模铸造法，即在蜡质印模熔化后在两个耐热层之间的空腔内注入熔化的铜水。就这样，铸造工程井然有序地展开了。

意料之中，不走寻常路的达·芬奇又要与传统背道而驰了，他决定将铜马像作为一个整体来铸造。但是，斯福尔扎铜马像实在过于庞大，它约是真马的三倍大，高度相当于四个高大的男子叠加起来的高度，达·芬奇制造的黏土模型已让世人大开眼界，巴尔达萨雷·塔孔就曾经这样称赞道：

在宫中看到他（卢多维科）为了纪念先父，
用金属制作一个伟大的巨型雕像。
我敢肯定就算是希腊人和罗马人
也没看过比这更伟大的东西。
瞧这马儿多美啊！
列奥纳多·达·芬奇独立铸造。

这样一个庞然大物要想整体铸造必然面临着很大困难，达·芬奇又怎么会没有想到呢，他在笔记本中这样写道："我意已决，这匹马先不从尾巴开始铸造，而是从侧面铸造，因为如果头部朝下浇铸的话，马头离水只有一臂之远……因为模型必须在地下放置几个小时，离水面只有一臂之远的头部肯定会受湿气影响，这样铸件就无法成行。"当时铸造铜像一般会在地面挖一个大坑，从上向下浇铸，然后等待铜水的凝固。由于斯福尔扎铜马像过于庞大，坑的底部将接近伦巴底平原的地下水位，潮湿将影响铸件的完成，达·芬奇希望可以通过改变铸造的方向来解决这个问题。

就在达·芬奇全身心投入铸造工作的同时，卢多维科交给了达·芬奇另一项工作——为吉安·加莱亚佐公爵和阿拉贡的伊莎贝拉的婚礼筹划戏剧。工作中途被打断的达·芬奇敢怒不敢言，只好停下手中的工作，去筹划一场浮夸的戏剧。这场戏剧使整个米兰为之沸腾，被称为“天堂的盛宴”，但背后却是卢多维科巨大的政治阴谋。吉安·加莱亚佐公爵是卢多维科的侄子，也是有名无实的米兰大公，新娘和新郎都沉浸在戏剧的欢乐气氛中，甚至为此感激卢多维科。谁料几年后吉安·加莱亚佐就蹊跷地去世，摄政王卢多维科早已不满足于仅仅掌握实权了，他还想要那大公的名号。不过，抛开政治阴谋不谈，这的确是一场让人印象深刻的戏剧。戏剧是由戏剧家贝尔纳多·贝林乔尼先生创作的，达·芬奇负责剧场的布置和人物的造型。整个舞台被布置为天堂的造型，内壁覆满金子，七颗行星依照相应的位置排列，行星由演员们扮演，集体赞颂新娘的美丽。报幕员是个扮成天使的小男孩，这更讨得了众人的喜欢。这场戏剧得到了卢多维科的赞扬，我们可以想象卢多维科该是多么喜爱这个无所不能的列奥纳多。

于是，在接下来的一年内，达·芬奇又筹办了卢多维科与贝娅特丽丝·德斯特的婚礼，但这场不再是戏剧，而是马上比武大赛。这场大赛要求比赛者扮成野人，野人在当时是民间传说中广受欢迎和喜爱的角色，毫无疑问，达·芬奇是野人的设计者。扮演者们身着兽皮或树叶，手中用力挥舞着木棍，据说这些野人古怪而吓人。也许我们还记得达·芬奇曾经把蜥蜴装饰成吓人的怪物，也曾画过美杜莎和吓坏了父亲的圆盾怪物，戏剧让这种带有恶作剧性质的诡异思想再度萌芽了。借助戏剧，达·芬奇在此阶段画了许多怪诞的素描，其中有两个动物的面具，乍一看可以看出那是以犬类形象为基础的，但是显然可怕得多：其中一只是毛发长长地垂下来的哈巴狗，但眼神中透出了某种诡异的气质，看上去更像一个老人的脸；另外一只应该是猎犬，却长着绵羊的牙齿，看上去似乎在对着你傻笑，但背后却像是隐藏着某个巨大的阴谋。除此之外，达·芬奇还绘制过一幅怪异的老妇人的素描，他尝试着夸大了所有的特点——松弛的皮肤，干瘪的嘴唇，诡异的发型，这一切都像是隐藏着某种不安的因素。但也许，达·芬奇只是想要放松心情，释放自己的压力，或者如他在《论绘画》中所言是在探索自己的想象力：

> 如果画家想画出令他陶醉的美，那要靠他自己去创造；而如果他想画出极其丑陋的东西，或显得可怖，或显得荒谬可笑，甚或可鄙，他可以因此成为大师和创造者……如果画家想描绘出地狱中的怪物或者魔鬼，应该充分发挥他的想象力。

达·芬奇十分看重想象力。他曾经与韦罗基奥作坊里的常客波提切利关于想象力发生过争执，争执中达·芬奇举了一个例子：“只需把一款浸过各种不同颜色的海绵往墙上一掷，墙上就会留下污迹，从中我们可以发现许多美丽的风景……我的意思是，人们可以从中看到人的头部、动物、打斗、岩石、海洋、云彩、森林和其他相类似的东西。”这个观点后来出现在他的笔记中：

> 观察任何一堵带有各种各样污迹的墙壁，或者一块带有斑驳的图案的石头，你会发现上面浮现出各种不同的风景……或者是人们格斗的场面，或者是样子怪异的脸部和服装。总而言之，你可以将上面的各种图案想象成美好的图形。除了从墙壁和石头上获得灵

感之外，你还可以从钟声里有所感悟。在隆隆的钟声中，你会听到任何你想要听到的名字或者词语。

虽然达·芬奇已经忙得不可开交，但他并未放弃对科学的探索，他开始使用一本新的笔记本，这就是后来的“巴黎手稿C”，虽然只有28页，内容却十分重要。这本笔记主要是对光和影的探索，当然不可避免地包含许多其他内容，例如物理学、声学等。达·芬奇曾经想要写一本解剖学的著作，随着对光与影的探索，他还想写一本关于光和影的著作：

> 我将我的第一条有关阴影的命题表述如下：一切不透明物体及其表面都被阴影和光包围。我将在第一本书中专门阐明这一点。此外，因为这些阴影缺少的光线有程度的不同，因此阴影呈现出多少不同的暗度。又因为这些阴影是撒在物体表面的最初的阴影，故我们称它们为“原生阴影”。我会在第二本书中专门对其进行探讨。

由此看来，达·芬奇意图写一个系列的书籍，但是我们知道这项工程如此宏大以至于它无法完成。其实，“巴黎手稿C”只是达·芬奇探索光与影的开始，在“巴黎手稿A”中对此有

达·芬奇手稿

着更为深入的探索。作为一名画家，达·芬奇对光与影的探索也是从绘画出发的，因此，他的手稿更像是一本绘画指导书，虽然其中科学无处不在，例如：

> 绘制肖像画要选在阴天或者夜幕降临时分……在傍晚时刻或者天色阴沉之时，站在街上仔细观察，你会发现来往行人的脸上满是优雅和甜蜜。所以，画家啊，作画之处所在的庭院四周的墙壁要涂成黑色，屋顶的瓦片也最好重叠在一起……如果阳光灿烂，就应该用遮阳棚盖起来。作画要选择傍晚时分、阴天或有薄雾的日子，那才是最完美的氛围。

这可以说是达·芬奇对透视法的绘画角度的运用，很容易让我们想到《蒙娜丽莎》那烟雾般朦胧的美。而为了获得这背后的原理，达·芬奇经常会做实验，然后用准确直观的示意图和简洁的文字解说，“巴黎手稿A”第一页关于阴影的阐释就是个绝佳的例子。

达·芬奇的工作就这样不断被打断，斯福尔扎铜马像最终成为达·芬奇未完成的作品之一，这次却不是因为达·芬奇对自我的完美主义苛求，而是战争。卢多维科一方面和法国结成了联盟，准备攻打共同的敌人那不勒斯王国，另一方面决定加强米兰的军事防卫，防止法国入侵。于是，准备用来铸造斯福尔扎铜马像的75吨青铜被征用去制造大炮。达·芬奇不关心政治，却屡被政治所骚扰，这无疑是另一次打击，在一封给卢多维科的信中，达·芬奇这样写道：

> 我不想改变我的艺术……
>
> 想提醒阁下我的少量的必需品，以及被束之高阁的技能……
>
> 关于铜马，我没什么好说的，因为我了解时局……

这是一封未寄出的信，达·芬奇在愤怒中写下了它，又把它撕成了两半。艺术，在战争面前变得一文不值，这对于一个艺术家而言无疑是最大的悲哀。但，这又能如何呢，达·芬奇知道这残酷的现实，他必须在政治中经营自己的艺术。

《最后的晚餐》

虽然斯福尔扎铜马像在战争中化为了泡影，但这当然不会让达·芬奇一蹶不振，1495 年，也就是斯福尔扎铜马像工程流产的第二年，达·芬奇接到了一个使他功成名就的订单——《最后的晚餐》。

战争使斯福尔扎铜马像成为泡影，但却不能使一个帝王忘记炫耀自己，卢多维科修缮了圣玛利亚感恩教堂，他希望这座教堂成为自己未来的陵墓，以彰显自己的地位。卢多维科已经请著名的艺术家多纳托·迪·蒙特法诺在南壁上绘制了壁画《耶稣受难像》，此时他希望可以由达·芬奇在北壁上绘制《最后的晚餐》，为这个教堂再增添些风采。但卢多维科也许不会想到，这幅《最后的晚餐》会成为这个教堂几百年来引以为豪的所在。

圣玛利亚感恩教堂

《最后的晚餐》

《最后的晚餐》取材于《圣经》新约全书马太福音第26章“设立圣餐”一节：在逾越节的前夜，耶稣得知犹大出卖了自己，在和十二门徒共进晚餐时，耶稣平静地说出了“你们之中有一个人出卖了我”。这也是文艺复兴时期常见的绘画主题之一，前人的版本大多是强调宗教意味更浓厚些，但达·芬奇却将此画的主题“背叛的丑恶，正义的崇高”置于人文主义精神下，对其进行了重新解释。

在前人的版本中，都是把犹大和其他十一个门徒分开以显示他叛徒的地位，但达·芬奇一贯不按常理出牌，他把这最后的晚餐演绎成了绝佳的戏剧。犹大和众人一起围坐在耶稣身边，当耶稣说到这其中有人背叛了他时，十二门徒可谓表现各异：约翰作为耶稣最喜爱的门徒，表现得和耶稣一样平静；彼得紧紧握着切面包的刀，意图手刃叛徒；犹大则紧紧抓着钱袋想要向后退缩；小雅各焦急地等待耶稣说出那个人的名字；巴多罗米奥愤怒地从座位上站了起来；安德烈震惊地举起了双手……而耶稣却平静地坐在桌前，双手摊在桌上，静静地倾听每个人的反应。达·芬奇曾经说过：“灵魂应该通过手势和动作来表现。”他确实做到了。

成功总是留给有准备的人的，《最后的晚餐》绝不是达·芬奇一时的灵感爆发，他为这幅壁画费尽了心血。达·芬奇最初的草图在构图上和前人一样，犹大被单独置于桌子的左侧。在另一幅草图中，戏剧性更加突出，凸显了“与我共用一个碟子的那个人将背叛我”这一幕，犹大从椅子上站起来试图把手伸向碟子，而耶稣的手已经碰到了碟子。

不仅如此，达·芬奇还为每位门徒的反应煞费苦心，他在笔记中列出了每个门徒的反应：

> 一个正在喝酒的门徒把酒杯放回原位，把头扭向说话人；一个扭动手指的人，转向他的同伴，表情十分严肃，展开双臂，露出掌心，肩膀上耸，碰到了他的耳朵，惊讶地张大嘴巴……一个人转过身，手里拿着一把刀子，碰倒了桌上的玻璃杯……一个人身体前倾望着说话者，双手遮住了自己的眼睛。

其中一些人物的构图体现在了最终的版本中，但是犹大却做了很大的变动，使这幅壁画的戏剧性达到了极致。

有了形象生动的人物，达·芬奇开始考虑整体的构图了。画面的背景上装饰着成排的间壁和窗子，使得这个空间具有了无限纵深的感觉，并且有效地凸显了人物，这可以说是达·芬奇运用透视法的极致体现。达·芬奇还巧妙地运用了明暗对比法，光线从左边的窗子透进来，使所有人都沐浴在光明之中，除了叛徒犹大被笼罩在黑暗中。最后，达·芬奇决定把十二门徒分列在耶稣的左右两侧，再细分为三人一组。于是，在最后的壁画上我们看到，最左边一组是巴多罗米奥、安德烈和小雅各；中左一组是彼得、约翰和犹大；中右一组是多马、老雅各和腓力；最右一组是马太、达太和西门。

这些构图还有着更深的宗教象征，要知道，“三”在基督教中可是个神圣的数字。首先，“三”代表“三位一体”，即圣父、圣子和圣灵的统一体，达·芬奇可不是随意决定把十二门徒分为三人一组的。其次，处在画面中间的耶稣背后有三扇窗子，窗子在基督教中是启示的象征，耶稣的身影占据着第二扇窗，表示他是“圣子”。

在达·芬奇绘制《最后的晚餐》时，有一个见习修道士男孩总是喜欢站在旁边观看，后来，这个男孩成为了著名的小说家，他就是马泰奥·班代洛。班代洛后来这样回忆当时的情景：

> 他一大早就到了，爬上脚手架马不停蹄地就开始工作。有时他会在那里从早干到晚，手里一直都拿着

画笔。他画个不停，常会忘记吃饭或喝水。有时候，他会连续几天不碰画笔，一天中有好几个小时伫立在他的作品前面，双臂交叉放在胸前，独自一人用挑剔的眼光审视着画中的人物。我也看到过他在中午太阳最烈的时候，好像突然有急事要做一样，放下手头正在制作的黏土模具，离开韦奇奥宫直奔圣玛利亚感恩教堂。他也不找个阴凉处休息片刻，就连忙爬上脚手架，拿起画笔在墙上涂上一两笔，然后便转身离开。

这就是工作中的达·芬奇，他全身心地投入到了创作之中，头脑中翻腾着各种想法，为了添上那一两笔而不知疲倦，忘记了烈日炎炎。但是，他沉默的思考让众人迷惑，漫长的创作被误以为是故意拖延，教堂的修道院院长就是其中之一。修道院院长终于忍不住向卢多维科抱怨达·芬奇画得太慢，卢多维科便委婉地请求达·芬奇快点画。然而，达·芬奇岂是寻常之人，他对卢多维科说，他也希望自己可以早日完工，但实在苦于犹大这个形象一直缺少合适的模特，如果修道院院长这般着急，不如就用他作为原型吧。有人记下了达·芬奇当时对卢多维科说的话：

最后只剩下犹大的头部没有画。众所周知，犹大是一个大叛徒，因此应该用一张能够表现他的全部邪恶品质的脸来描画他……有一年，或者更长的时间，我每天早晨和晚上都去波戈托大街，所有最卑鄙无耻的人都住在那里，他们中大多数人道德败坏。我去那里是希望看到一张适合表现这个邪恶的人的脸。不过直到今天，我还没有找到……如果最后发现我找不到，我将不得不借用这位神父，这位修道院院长的脸。

卢多维科听后自是为达·芬奇的机智和幽默开怀大笑，修道院院长则灰头土脸地回去了，并且再也不敢催促达·芬奇了。

但是，卢多维科却再次打断了达·芬奇的工作，就如同达·芬奇在铸造斯福尔扎铜马像时一样，这次是让达·芬奇为他的妻子贝娅特丽丝的房间进行装饰。于是，达·芬奇一面承受着创作《最后的晚餐》的巨大压力，一面要抽身装饰公爵夫人的房间。终于有一天，达·芬奇在装饰房间的过程中愤然离开，他在给友人的信件中抱怨道："我不得不谋生，这使我只能中断这项工作，参与到不太重要的事务中去。"我们再一次看到了达·芬奇在经济上的困窘，感受到了他的苦恼。

《最后的晚餐》邮品

但是，这些困难都无法阻挡达·芬奇对艺术创新的追求，这次他不仅在画面布局和结构上进行了创新，还在绘画材料和方法上进行了创新。当时的壁画一般采取湿壁画画法，但达·芬奇却采取了油彩和蛋彩混合使用的方法。很不幸，这次试验失败了，油彩并不能使颜色完全渗入到墙壁内和墙壁融为一体，于是，颜料逐渐剥落，使我们今天只能看到斑驳的画作。

但这无论如何都是艺术家渴望创新和突破的结果，而最让人心痛的却是人们的无知。到了1652年，由于需要绕路将食物从厨房送过来，而食物在途中会变凉，修道士们竟然决定在画中央的下部开凿出一扇通往厨房的门。就这样，修道士们可以吃上热的食物了，但画中基督的脚却被完全毁掉了，开凿过程中的震动还加速了颜料的脱落，厨房的蒸汽更是加速了画作的损毁。但劫难到此并未结束，1796 年，拿破仑进攻了米兰，将此处作为了马厩，无知的士兵们竟然用壁画中人物的头部作为练习射击的靶子。虽然后人不断对壁画进行修复，但无奈修复的水平参差不齐，有的歪曲了原作，有的甚至加剧了壁画的损毁，着实让世人心痛。

就在达·芬奇绘制《最后的晚餐》时，一个神秘的女人来到了达·芬奇的住处，她就是卡泰丽娜——达·芬奇的母亲。关于她的到来，达·芬奇是这样记录的：

> 7 月 16 日，
> 卡泰丽娜于 16 日到达。
> 那是 1493 年 7 月。

这种啰唆的重复让人感到一丝不安，心理学家弗洛伊德称之为“言语重复症”，是将强烈和复杂的情感转化为多余的重复的行为和对细节的过度关注。这种反应在卡泰丽娜的葬礼账目中也表现了出来，达·芬奇事无巨细地记录下每一分钱的花销，甚至让人以为那是一个吝啬的家庭主妇。在这段时间内，达·芬奇的笔记也陷入了一种迷茫和伤痛的哲学氛围中：

> 这是人类最为愚蠢的事情——一个人现在节衣缩食是为了以后不必再紧缩节省，在他可以享受他辛勤劳动所得的成果时，他的一生就这样飞逝了。
>
> 对于某些动物，大自然似乎是一个严厉的继母而不是母亲；对另一些动物，自然则不是继母而是另一个温柔的母亲。
>
> 所有伤害都会在记忆中留下痛苦，而最大的伤害——死亡并非如此，死亡在终结生命的同时也抹去了记忆。

我们知道，达·芬奇的母亲是个地位低下的农家女，我们不知道她为何会在65岁时来到达·芬奇的住处并度过了生命中最后的日子，是老无所依还是思念所致？卡泰丽娜的葬礼简单朴素，花费甚至抵不上达·芬奇为学生做一件衣服的钱，让人不禁难过。母亲对于达·芬奇而言，是无比重要的人，但就这样轻轻地来，又轻轻地走了。

在达·芬奇日后的笔记中，我们依旧可以看见以母亲、继母等作为喻体的意味深长的句子，暴露了达·芬奇内心的伤痛。

就在达·芬奇绘制《最后的晚餐》时，卢卡·帕乔利修士来到了米兰。卢卡·帕乔利原为一个会计师，也有自己的工作室，对数学和透视法极为感兴趣。三十多岁时，帕乔利放弃了会计师的工作，皈依了圣方济会，成为一名修道士，在各地进行哲学和数学的演讲。1494 年，也就是帕乔利来到米兰的前两年，他完成了一本名为《算术、几何与比例概要》的著作。这本著作是对前人成果的总结，内容主要是算术、代数和几何等数学内容，是一本百科全书式的著作。除此之外，这本书是用意大利文写成的，可谓是开启了摒弃拉丁文的先河。要知道，达·芬奇对数学可以说是十分喜爱的，他认为数学“提供至高无上的确定性”。从实用主义出发，数学也是画家们的基本功，必须反复训练，而帕乔利的到来更是使达·芬奇进入到了一个更神秘更有吸引力的数学世界，他开始探索几何学了，并尊敬地称帕乔利为“卢卡大师”。

达·芬奇先是研读了帕乔利的《算术、几何与比例概要》一书，做了大量的笔记，并将其运用到《最后的晚餐》的构图中。后来，达·芬奇和帕乔利开始了令世人瞩目的合作——撰写《神圣的比例》一书。在这本书中，达·芬奇负责绘制几何插图，帕乔利也在书的前言中骄傲地表明书中“所有的等边体和非等边体”都是“由杰出的画家、透视学家、建筑师、音乐家和全能的大师——佛罗伦萨的列奥纳多·达·芬奇在米兰所做”。帕乔利还是第一个评价《最后的晚餐》的人，他在《神圣的比例》一书中献词道：

> 在众门徒听到那个声音说出“有人背叛了我”的时候，我们很难想象他们当时的表情专注到什么程度。通过行为和手势，门徒们似乎在互相对话，一个人跟另一个人说，而那个人又跟旁边另一个人讲，都显得惊讶不已。就这样，我们的列奥纳多用他那巧夺天工之手创造了这戏剧性的一刻。

除此之外，帕乔利还是第一个称达·芬奇为“透视学家”的权威人士。在15世纪之前，绘画中基本只有两个维度，人都是平面化的。而文艺复兴是以人为核心的，要关心人的切实的存在，于是，如何表现纵深的第三维度成了重要的研究课题，透视法开始进入人们的视线。达·芬奇的老师韦罗基奥对于透视法是有些研究的，所以达·芬奇

帕乔利纪念邮品

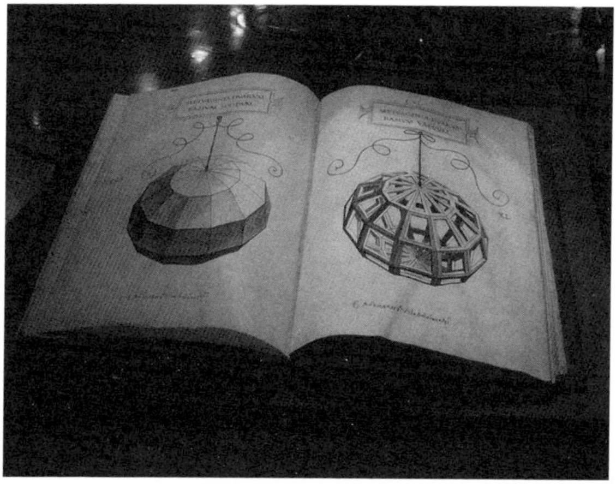

《神圣的比例》一书的插图

应该很早就接触到了透视法，而与帕乔利的合作更加促使达·芬奇从数学角度深入研究透视法。达·芬奇对透视法的研究成果几乎都发表在了《论绘画》一书中，他将透视法分为线透视、空气透视和隐形透视三种。线透视，简单而言就是近大远小的原理，前人的论述已经非常详细，达·芬奇只是简略地总结了一下，他的重点在空气透视和隐形透视。空气透视也称色彩透视，达·芬奇试图从画家的角度来阐释距离导致的色彩和清晰度的差异，希望以此使绘画更加自然和真实，他写道：

> 各种颜色之中在远距离最先消失的是光泽，这是颜色之中最小的部分，是光中之光。其次消失的是亮光，因为它的阴影较少。第三消失的是主要的阴影。到最后只剩下一片冥蒙的黑暗。

至于隐形透视，达·芬奇并未进行深入研究，因为当时光学的落后阻碍了研究。达·芬奇还将这些透视法运用到了实际的绘画之中，例如《最后的晚餐》就是线透视的杰作，而《蒙娜丽莎》则是空气透视的经典。

这些都为达·芬奇学会奠定了基础，虽然我们无法确认它是否真实存在。达·芬奇为这个学会创作了一个会徽，是一个美丽的绳结图案，图案上写着：“列奥纳多·达·芬奇学会”。根据记载，这个学会的讨论主题应该是透视法、力学和建筑学。如果这个学会是真实存在的，它应该囊括了米兰的诸多大师，建筑家多纳托·布拉曼特必不可少，他是达·芬奇的同事，不仅设计了圣玛利亚感恩教堂，还精通欧几里得几何学，翻译过但丁的著作，并且非常善于绘制绳结图案。除此之外，还应该有朱利亚诺医生和贾科莫·安德烈亚，前者写了《代数学》一书，后者则是建筑学家。与其说这是一个学会，不如说这更像是达·芬奇理想中的柏拉图式的“学园”。在学会中，聚集着各行各业的知识分子，他们定期相聚，讨论交流甚至是辩论，这不禁让我们想起了韦罗基奥作坊中的热闹场景，只是现在更加专业和正规化了。

第4章：重回佛罗伦萨

巨人不倒

1499年，法国还是攻入了米兰城，当年斯福尔扎铜马像的铜被征用去制造的大炮未能阻挡法国人的铁蹄，甚至连那个黏土模型也成了箭镞下的碎片。卢多维科在这之前就逃亡了，达·芬奇也离开了米兰这个使他功成名就的城邦，开始了一段四处漂泊的日子，生活和艺术都陷入了困境。

达·芬奇先是来到了曼图亚，这是意大利的一个小城邦。在这里，达·芬奇得到了伊莎贝拉·德斯特的短暂庇

伊莎贝拉肖像画纪念邮品

护。伊莎贝拉·德斯特是卢多维科的妻子贝娅特丽丝·德斯特的姐姐，是一位聪慧过人、崇尚艺术的女强人，庇护着多名诗人和艺术家，热衷于收藏各种艺术品。当达·芬奇来到曼图亚时，伊莎贝拉正在物色合适的人为她画一幅肖像，而达·芬奇毋庸置疑成了最佳人选。现存的伊莎贝拉肖像画是一幅侧面像，画作中，伊莎贝拉脸庞略显丰腴，目光笃定，嘴角沾沾自喜般微微上扬，这就是达·芬奇眼中的伊莎贝拉，虽然高贵美丽却任性而固执。这张素描很大程度上是一张饭票，再次让人体会到了达·芬奇的无奈。但值得注意的是这幅肖像画中人物的手，无论是姿态还是线条，都带有《蒙娜丽莎》的风韵，与此同时，伊莎贝拉的肩膀、服饰都让人想起《蒙娜丽莎》。我们不知道伊莎贝拉本人对这幅肖像的看法，但达·芬奇并未在曼图亚停留很久，差不多一年后，达·芬奇就离开了曼图亚前往威尼斯。

在威尼斯的日子里，达·芬奇并没有什么值得称著的艺术创作，但是他却深深痴迷于威尼斯的印刷术。威尼斯是铜板雕刻的著名城市，铜板雕刻即是用腐蚀性的酸溶液在铜板上蚀刻出画作，这让达·芬奇跃跃欲试。但是，很快他就发现，这终究还是一个可复制的艺术品，当图书馆

威尼斯

采用此方法制作了六幅铜板雕刻画后，他说道：“绘画与印刷图书不同，它不会产生不计其数的子女。它是独一无二的，绝不会孕育酷似它的子女。与那些到处发行的作品相比，这种特点使它变得更加卓尔不群。”达·芬奇还是钟情于绘画。

此时恰逢土耳其攻打威尼斯，这使得威尼斯陷入了惊慌之中，于是达·芬奇再次做起了军事工程师。首先，达·芬奇去前线的薄弱处艾松佐村进行了实地考察，他建议建立一些可移动的木制水坝以汇集水流，当土耳其进攻时可以开闸放水使土耳其军队溃败。于是，达·芬奇在给市议会的报告中这样写道：“虽然我知道在此处无法建立持久的防御系统，但必须承认加上河流之助，实在值得一试……我认为除此河流别无其他防御之法。”但是，威尼斯人认为这并非可行的方案并且拒绝尝试。于是，达·芬奇又提出了新的方案，他设计了潜水艇和潜水设备。他认为可以让潜水人员借助带有伸出水面的管子的面罩呼吸，以此对土耳其的水军进行偷袭，但这个方案由于管子会被看见而废弃。后来，达·芬奇又想到了一个更加冒险的方案，即将空气放入酒囊，让潜水人员穿着特殊的潜水服背着这些酒囊在水下偷袭。关于潜水服，达·芬奇在笔记中这样记载：“潜水衣可以从头到脚完全包裹住，他有一个排尿孔和可装上小槽的胸牌，这是一个半圆铁，可和胸间保持距离……”但是，达·芬奇并未向当局提出这个方案，因为他考虑到了战争的残酷，他写道：“我为什么要描述如何停留在水底，以及不需要空气可停留多久之法？我不希望将其泄露或发表，因为人的邪恶本质，可能会使人类在海底进行谋杀。”但无论如何，达·芬奇的这些想法和现代的潜水装置不谋而合，着实让人震惊。

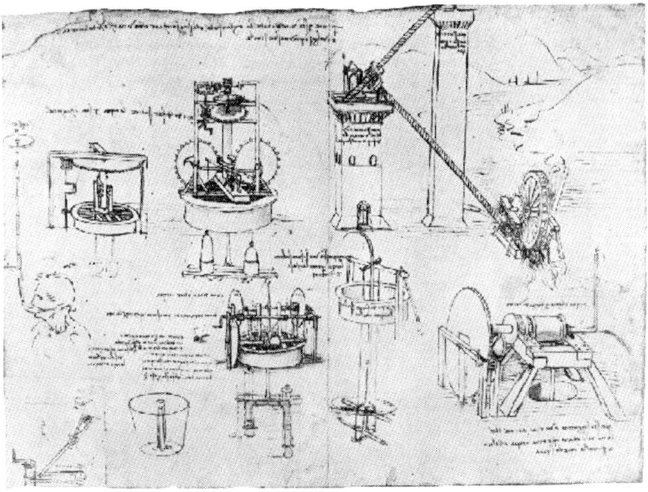

达·芬奇手稿

实际上，达·芬奇的很多设计都像是巫师的预言般在日后成为现实，但是他的很多设计也都存在着这样或那样的缺陷。关于这点，有人认为这是达·芬奇缺少相关知识的必然结果；也有人认为，这是达·芬奇故意的，一方面是为了防止别人偷窃自己的想法，另一方面是为了防止人与人之间的互相残杀。的确，童年的创伤让达·芬奇对人有着一些略显偏激的怀疑和不信任，何况他的很多设计是战争机器。

就在达·芬奇在威尼斯流连时，传来了卢多维科的消息。曾经强势的独裁者如今成为阶下囚，囚禁在法国的都兰地区，逐渐变得精神失常，八年后与世长辞。达·芬奇自知回到米兰将背负亲斯福尔扎家族的反叛者罪名，这促使他最后决定回到佛罗伦萨。

阔别十八年的佛罗伦萨可谓物是人非，美第奇家族不再叱咤风云，佛罗伦萨陷入了财政危机；艺术家也是后浪推前浪，崛起的新一代取代了老一代；父亲已是七十多岁的老人，但依旧在公证人行业中如鱼得水。

还记得波提切利吗，那个达·芬奇不屑一顾的年长他七岁的艺术家？有一天黄昏时，达·芬奇正在河畔散步，忽闻有人在低吟但丁的诗，他望过去，看见了一个满脸沧桑的佝偻身影，再仔细一看，竟是波提切利。他望着这年迈落魄的身影，不禁黯然神伤，而波提切利的感慨更让人不知所措："除了吟诵但丁的诗篇，我已经无所事事了。"是啊，在战争的灾难面前，在抵不过的岁月流逝面前，谁不无奈和感慨呢。

但无论如何，佛罗伦萨欢迎达·芬奇的归来，出走时他是一个怀才不遇的年轻人，回来时他已经是大师级的艺术家，人也步入中年。

圣母玛利亚教会很快就为这位文艺复兴的巨人提供了

住处，并将为圣母玛利亚教堂绘制祭坛画的工作交给了达·芬奇。达·芬奇很快就完成了《圣母子与圣安娜》的草图，围观的民众挤满了教堂的回廊，仿佛这是一个盛大的节日。如果你以为达·芬奇迅速地完成了草图就会同样迅速地完成祭坛画，那你就大错特错了，达·芬奇最终还是辜负了圣母玛利亚教会的厚爱没有绘制这幅作品（大约10年后，达·芬奇才画了一幅同名油画）。但从草图引发的轰动中，我们已经瞥见了达·芬奇的巨大声望。

正如上文所言，《圣母子和圣安娜》是达·芬奇到佛罗伦萨后所作的唯一一件素描，但他还是对伊莎贝拉侯爵夫人的请求不予理睬。自从达·芬奇离开曼图亚之后，伊莎贝拉可谓是一直不屈不挠地请求达·芬奇为自己绘制一些画作。

侯爵夫人先是给佛罗伦萨的一名主教写了信，希望他可以帮助自己向达·芬奇转达请求，她在信中写道：

> 您可以试探一下，看他是否愿意接受委托，替我们的书房绘制一幅图画。如果他愿意，我们会让他自己决定画像的主题和交付的日期。要是他不愿意，您至少可以试图说服他为我创作一幅圣母玛利亚的小型画像，那种虔敬甜美的风格可是他的拿手好戏。您能

《圣母子与圣安娜》（素描）

《圣母子与圣安娜》（油画）

> 不能求他行行好，让他再送给我一幅他替我们绘制的肖像素描呢……

这封信虽然措辞谦逊，但实际上要求颇为过分和贪婪：书房的图画、圣母玛利亚的小型画像、自己的素描……我们知道，在曼图亚的时候达·芬奇曾经为了生计不大情愿地为伊莎贝拉绘制了肖像画，但对于伊莎贝拉的庇护他多少还是感激的，可是面对伊莎贝拉得寸进尺的请求，达·芬奇着实感到苦恼。于是我们看到，在主教的回信中，达·芬奇怎样婉言拒绝掉了这些请求：

> 长话短说，他所做的数学实验分散了他太多注意力，使他无法拿起画笔，从事绘画。我把夫人您的愿望告诉了他，发觉他非常乐意满足您的要求，因为您在曼图亚曾给过他友善的接待。我们无拘无束地交谈之后，达成了如下结论——要是没有招致不满，他就可以从对法国国王的义务中摆脱出来，他会首先为夫人您服务。

表面上看来达·芬奇是答应了这个请求，但是我们却知道他实际上无法从对法国国王的义务中摆脱出来，也不愿拿起画笔为侯爵夫人绘制那些画作。这封信中还提到了

《圣母与卷线轴》

达·芬奇正在绘制一幅《圣母与卷线轴》，这是达·芬奇的又一幅关于圣母子的画作。在早些时候，达·芬奇曾用过红色康乃馨和十字架形的其他物体作为基督受难的标志，在这幅画作中，这个象征物变为了十字架形的卷线轴，圣母垂着眼帘望着怀中的小基督把手伸向那受难的标志。实际上，这幅画作有两个版本——里福德版本和巴克卢版本，毫无疑问，两个版本都宣称自己是出自大师之手。2003年，巴克卢版本遭遇了和《蒙娜丽莎》同样的命运，被偷走了。监测录像中，两名男子扮成游客，把画作藏在衣服下面偷走了，偷窃方法竟和《蒙娜丽莎》如此相似。

让我们回到侯爵夫人吧，这位侯爵夫人是个有点霸道的女强人，她怎么会善罢甘休呢。于是，侯爵夫人让另一位中间人转交给达·芬奇两个古董花瓶并询问其价值，这两个花瓶以前是美第奇家族所有的。但是，中间人的回信显然让侯爵夫人再次失望了：

> 我给画家列奥纳多·达·芬奇展示了这些东西，他赞叹不已，特别引起他称赞的是那只水晶花瓶，因为它只用一块水晶做成，非常透明……列奥纳多说他从来没见过比这更好的了。

达·芬奇对委托一事只字不提，只是不停地赞扬这只花瓶，这无疑让侯爵夫人大为光火但又无可奈何。据我们所知，侯爵夫人生前曾请求过包括佩鲁吉诺、拉斐尔等画家为其作画，达·芬奇是唯一直到最后都拒绝她的人。

但是，我们却很高兴看到达·芬奇历经艰难险阻后回到了这个创造他的城市，而且是以巨人的姿态。

巨人间的友谊

在美第奇家族势衰后，佛罗伦萨的实力也让人堪忧，但战争远未结束。此时，恺撒·波几亚成为罗马的新主人，波几亚是教皇亚历山大六世的私生子，他冷酷无情、奸诈狡猾，比卢多维科有过之而无不及。波几亚有一句座右铭："要么成为恺撒，要么什么也不是。"不禁让人想起与他同名的帝王。

在波几亚的统治下，罗马可谓是战无不胜，迅速攻占了众多地区。正值此时，佛罗伦萨内部发生了暴动，意图向波几亚宣战，这可惹恼了这位铁血将军，他迅速将势力范围扩展到佛罗伦萨的家门口。无奈之下，佛罗伦萨只好派出著名的政治家和思想家尼可罗·马基雅维利前去谈判。谈判中，波几亚专横、傲慢，他说："我知道你们的城市对我怀有敌意，想要对待刺客一样除掉我，要是你们拒绝

尼可罗·马基雅维利（1469—1527）

意大利著名政治哲学家、历史学家和作家，代表作品有《君主论》《论李维》和《佛罗伦萨史》等。《君主论》是马基雅维利结合自身经历所写的巨著，其中强调君主必须同人民保持较好的关系；必须重视军事；必须通权达变，灵活机动，为达到目的可以不择手段；并要真正了解国情，注意避开谄媚者等，这些原则后来成为很多当权者的治国原则，拿破仑、希特勒等都曾把《君主论》作为案头书。

马基雅维利肖像

我做朋友，你们就会发现我成了敌人。”最终，佛罗伦萨只好作出让步，屈从于波几亚，希望和罗马恢复良好的关系。正是在这种情况下，达·芬奇这位无所不能的文艺复兴巨人又有了新任务——前去为波几亚效劳。我们不知道达·芬奇是否是心甘情愿地接受了这项委托，但这的确是一件双方都满意的交易，波几亚有了一个完美的仆从，佛罗伦萨则有了一个耳目。

波几亚是否完全信任达·芬奇我们不得而知，但实际上达·芬奇并非是时时跟随在波几亚身边的，很快，波几亚就交给达·芬奇一个任务——绘制地图。为此，波几亚还给了达·芬奇一个通行证：

> 本证件持有人，我们最优秀的、受人敬爱的建筑师兼总工程师列奥纳多·达·芬奇，接受委托测量我们城邦国家各个地方和要塞的地形。我们命令并要求，只要情况许可，他的判断正确，就应向他提供全部援助。

因为拥有这个通行证，达·芬奇受到了至为尊敬的对待，但这却又一次是在佛罗伦萨之外的地方。但无论如何，这对于喜爱短途旅行的达·芬奇来说无疑是件开心的事，整个夏天，他都奔波在波几亚的领地内，无论是城市还是乡村，边疆还是要塞。这个任务更多的是一项体力活，对于达·芬奇而言更是大材小用，但是达·芬奇似乎乐得能抛开城市，放松地奔走在山川河流间，他仿佛回到了小时候，奔走在尘土漫天的乡间小路上，奔走于母亲和祖父之间。

当秋天来临时，达·芬奇来到了伊莫拉，与此同时，马基雅维利也到了伊莫拉。达·芬奇是为了来绘制地图，而马基雅维利却是再一次来找波几亚谈判。对于境内的叛乱，波几亚再一次轻蔑地表示："大地在他们脚下燃烧，他们只能洒出一点水，而需要更多的水才能把大火扑灭。"马基雅维利也是文艺复兴时期的巨人之一，作为政治思想家和历史学家，他的《君主论》可以说是政治家的必读之书，但此时，他只是佛罗伦萨的演说家和使者。马基雅维利是极不情愿接受这任务的，他新婚不久，而这任务却危险而毫无希望，作为使者，他又无权签订条约，只能不断地汇报情况。

达·芬奇和马基雅维利的友谊大约就是此时开始的，两人都是颇有才能的文艺复兴巨匠，又同时身陷波几亚强权的牢笼内无法挣脱，这使得二人惺惺相惜外又多了些同病相怜。实际上，马基雅维利传回佛罗伦萨的很多信息都是从达·芬奇处获知的，当然他无法把达·芬奇的名字列入信件，这将涉及达·芬奇的安全。除此之外，关于这次伊莫拉的境遇，达·芬奇绘制了“他那个时代最准确、最漂亮的地图”，而马基雅维利则把波几亚纳入了《君主论》的素材。

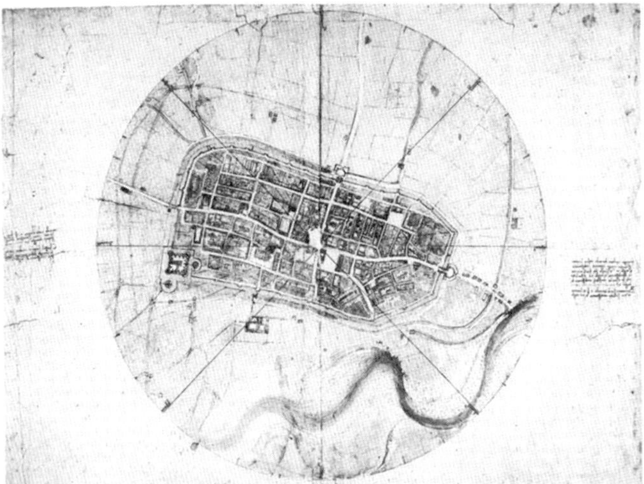

达·芬奇手稿

达·芬奇这半年来在乡间旷野的努力并没有白费，他绘制了许多非常详细和精美的地图。这些地图大多是俯视图，图中精确地标明了河流山川以及道路，很多距离都是达·芬奇步测出来的。这些地图中有局部地区的，还有大型的意大利中部所有河流体系的，都被封蜡后挂在墙壁上展示。

与达·芬奇只是大材小用的屈才日子相比，马基雅维利则面临着切实的危险。波几亚终于对反叛者展开了报复，不仅把反叛者砍成两截置于道路中间恐吓他人，还洗劫全城。达·芬奇尚可逃避这些血淋淋的现实，但马基雅维利作为使者却必须直面并及时汇报。十年后，马基雅维利在《君主论》中这样写道：

> 要是我来概括公爵所有的行为，我不知道如何去指责他。相反，正如我的做法一样，我感觉他应该被推举出来，作为一个例子来阐明那些凭借运气和他者的武力攀爬到帝国顶层的人。因为具有伟大的精神和高贵的目的，他不可能有其他做法。

在经历过这些恐怖的事情后，马基雅维利终于可以回到佛罗伦萨了，达·芬奇也在几个月后结束了跟随波几亚的任务，但两位巨人的友谊却远未结束。

实际上，跟随波几亚的这份差事对于达·芬奇而言并不是愉悦的，在为马基雅维利搜集情报的过程中，达·芬奇也身处险境和恐慌惊惧之中，这让他再次对佛罗伦萨颇有微词。于是，在1503年的7月，达·芬奇给苏丹写了一封自荐信，达·芬奇再次表现出了当初面对卢多维科的自负，只是这次他希望做建筑师。达·芬奇表示自己可以建造“一座不需要水的磨坊，只凭借风力就可以了”，他还可以“不使用绳索，而是使用自动水压器就可以把水从轮船中汲取出来”。但实际上，他最希望做的是在金角湾上建造一座大桥：

> 我，您的仆人听说您打算建造一座从斯坦布尔到加拉塔的大桥，也听说您由于找不到有能力的人而没有动工。我，您的仆人知道该怎么做。我会把大桥升到一座大楼的高度，因为桥太高了，所以人们无法穿越大桥……我会这么做，以便轮船即使张开船帆也能从下面穿行而过……我会建一座吊桥，这样人们需要时就可以到安纳托利亚海岸去……但愿上帝使您相信我说的话，考虑一下永远为您效劳的仆人。

但这次达·芬奇没有上次的好运气，他的自荐信石沉大海，尽管他在手稿中涉及了诸多的方案，对桥的各项数据的计算也都准确无比。不过，如同达·芬奇的降落伞一样，总会有人想要实现达·芬奇的梦想，这次是挪威艺术家韦比约恩·桑德。这座桥建在原址的附近，由松木、柚木和不锈钢建造，是按比例缩小的，现已投入使用。桑德说："大桥只能这么建。它可以使用木头或石头，修建成任意大小，因为总的原理在起作用。"为了纪念达·芬奇，这座桥被命名为"蒙娜丽莎桥"。我们知道，达·芬奇会为此微笑。

蒙娜丽莎桥

不幸的是，达·芬奇再次遭遇了经济危机，给苏丹的自荐信遭遇了拒绝，他对高品质生活的追求又让他的银行存款迅速缩减，他的学生记录道："他现在的经济相当吃紧。"就在这时，好友马基雅维利帮了达·芬奇一个大忙，在政治上大展宏图的马基雅维利使达·芬奇获得了一个大项目：让河流改道。具体而言，达·芬奇首先要改变亚诺河下游的河道，以此切断比萨的入海口，也就是切断比萨的物资供给，最终使佛罗伦萨成功地收回这座城池；接下来，达·芬奇需要改变佛罗伦萨西部的整个河道，使其更加便于运输。于是，达·芬奇再次成为军事工程师，着手切断比萨人的生命之源。

这是一项宏伟的工程，达·芬奇在做了多次实地考察后给出了方案：把亚诺河的河水引入南部的斯塔尼奥沼泽，这中间要开凿一个运河来引水。这个方案在当时无疑是超前的，达·芬奇需要反复地向执政团来解释以便使他们同意。为此，达·芬奇还计算出了具体的数据，甚至还为此设计了挖掘机。但是，不知为何，这项工程最后交给了一个叫马埃斯特罗的人负责，而且方案也有所改动。工程共动用了两万名工人，还有一千名战士来保障工程不被比萨人破坏。日子一天天过去了，水却还未流到沟渠中去，达·芬奇幸灾乐祸般地在笔记中抱怨："他们不明白为什么亚诺河的河水在平直的沟渠中不会流动，这是因为诸如亚诺河的河流在入口处沉淀下泥土，在反方向又把泥土带走，所以河道就弯曲了。"终于，在开工两个月后，洪水暴发彻底终止了这个工程，不仅沟渠坍塌，还淹没了附近的农庄，导致80人丧生。在这场战争中，佛罗伦萨失败了，其间耗费的大量金钱和时间让执政团彻底丧失了勇气和信心。但是，谁又能想到，多年后佛罗伦萨和比萨间的高速公路经过的路线和当年的运河一致，只是内燃机取代了水运。

蒙娜丽莎的微笑

提到达·芬奇就一定会提起《蒙娜丽莎》，几百年来，蒙娜丽莎的微笑让众人倾倒，为她痴迷。与此同时，人们也在不断地追问，蒙娜丽莎究竟是谁呢？她的微笑为何如此神秘呢？

有人说蒙娜丽莎是银行家的妻子，也有人说蒙娜丽莎

《蒙娜丽莎》

是朱利亚诺·德·美第奇的情人，还有人说是卡泰丽娜·斯福尔扎，可谓是众说纷纭，各执一词。《蒙娜丽莎》原来叫作《乔康达夫人》，但由于乔康达（Gioconda）还是个形容词，表示“愉悦的”，人们知道双关语是达·芬奇常玩的把戏，于是这着实让画作题目陷入了迷障之中。而实际上，蒙娜丽莎还有另一种解释，在意大利文中，“蒙娜”意为“夫人”，“丽莎”则是人名。经考证，蒙娜丽莎也许是指丽莎·德尔·乔康达——弗朗切斯科·德尔·乔康达的妻子。弗朗切斯科是佛罗伦萨的商人，丽莎15岁时嫁给了35岁的弗朗切斯科，婚后，丽莎为乔康达生育了两个儿子和一个夭折的女儿。曾经有人说画作中蒙娜丽莎穿着和头上罩着的黑纱是女儿夭折时的丧服，也有人说达·芬奇为了博得蒙娜丽莎的一笑费尽了心思，甚至请来了小丑和乐师，但事实却是达·芬奇作画时距丽莎女儿的夭折已经过去四年了。于是，穿着素黑衣服，没有佩戴任何首饰的蒙娜丽莎成为了众人猜测的对象。这幅画实在有太多让人疑惑的地方，蒙娜丽莎缺失的眉毛也是大家津津乐道的事情。如果没有答案，我们大概也只好说如同黑纱一样，剔去眉毛也是当时的时尚。这样看来，蒙娜丽莎只是佛罗伦萨的一个普通家庭妇女，二十岁出头，有两个孩子，实在是太平庸了，不免让人有点失望。但《蒙娜丽莎》并不需要依靠画中人的缠绵悱恻的爱情故事来为其加码，它已经足够伟大。

毋庸置疑，《蒙娜丽莎》可谓是人尽皆知的一幅画作，无论是孩子还是老人，无论在东方还是西方。据卢浮宫的统计，每年约有 600 万观众去参观《蒙娜丽莎》。当然，卢浮宫也为《蒙娜丽莎》提供了特殊的待遇，《蒙娜丽莎》不仅独处一个厅室，还有着三层防弹玻璃的保护，在展出时还会有专门的保镖。但，《蒙娜丽莎》的魅力究竟在哪里呢？

《蒙娜丽莎》是一幅在杨树木板上创作的油画，只有 77 厘米长，53 厘米宽，也就是半平方米不到，但是达·芬奇却为此整整耗费了十年的光景。据说，当达·芬奇完成这幅画作后，曾经一起在韦罗基奥门下学习的佩鲁吉诺前来拜访，随行的还有一位年轻人。在整个探望过程中，年轻人一直注视着画架上的《蒙娜丽莎》，竟渐渐眼含泪水。这个年轻人就是文艺复兴三杰之一的拉斐尔。我们无法得知拉斐尔为何会眼中饱含泪水，但这足以使我们见识到《蒙娜丽莎》的魅力。达·芬奇本人也至为热爱这幅画作，不仅未将其交给委托人，还一直带在身边，不论走到哪里。

有趣的是，在19世纪前，这幅作品并没有如此著名，然而，随着时间的流逝，蒙娜丽莎的微笑引起了越来越多的注意，人们开始为其赋予越来越多的意义。先是小说家兼文艺批评家泰奥菲勒·戈捷将蒙娜丽莎称作“神秘微笑着的魅力的斯芬克斯”，说她的微笑表现着“某种未知的快乐”；后是历史学家朱尔斯·米沙莱说道：“她吸引着我，使我背叛了自己，毁灭了自己。我不顾自我朝她走去，如同小鸟飞向游蛇。”英国唯美主义艺术运动的倡导者之一，同时也是作家和诗人的奥斯卡·王尔德也再次在这幅画作前盈满泪水：

> 某些人想象这位画家只是一种老式微笑的奴隶，但是每当我穿过卢浮宫凉爽的大厅，站到那位奇特人物的像前时，我总是自言自语道：“她坐在大理石椅子里，奇异的岩石环抱四周，像沐浴在来自海底的微光之中，她比她座位四周的岩石更古老；她像一个吸血鬼，已经死去了多次，了解坟墓的秘密；她是深海中的潜水者，保留着她坠落的日子；她往来于奇特的商路，和东方的商人们交往着；她就像丽达，是特洛伊的海伦的母亲；她就像圣安娜，是玛利亚的母亲。她是这一切，是竖琴和长笛的乐声，她的生命敏感、

脆弱，造就了她变化的面容，赋予她的眼睑和手以活力。”我对朋友说：“水边那朵奇特的玫瑰的存在表现了人类千年的欲望。”他回答我：“这个头脑是所有‘世界终极的汇聚’，而她的眼睑略带疲惫。”

后来，诗人叶芝把这段话改写成诗：

她比她坐立其中的岩石还要古老；
犹如吸血鬼一样，
她已经死过多次。
她知道坟墓的秘密；
她曾在深海中潜水；
她能让逝去的日子围绕在身侧……

这些文字再度增添了《蒙娜丽莎》的神秘和魅力，使得众人都想一饱眼福。但如果我们真的看到这幅巨作时，也许会感到些许的失望。《蒙娜丽莎》现藏于卢浮宫，与达·芬奇的其他画作相比，这仅仅是一幅小肖像画，上面的保护性假漆使得画作变得微黄且模糊不清，但蒙娜丽莎的微笑还是倾倒了数代人。

的确，蒙娜丽莎的微笑让世人为其痴狂，都妄图探知这微笑背后的秘密。有一种学说从人类的视觉系统出发，认为这才是蒙娜丽莎的微笑若隐若现的原因。具体而言就是当我们把视线转移到这幅画作的其他部分时才会看到蒙娜丽莎的微笑，而当我们把视线转移到蒙娜丽莎的脸部时，微笑就会消失。另一种学说则从心理学角度阐释蒙娜丽莎的微笑，心理学家弗洛伊德就认为蒙娜丽莎的微笑反映的是达·芬奇母亲的微笑，代表了母爱，他说：

> 在他生活的顶峰，当时他刚过50岁……一个新的变化在他身上发生了。他的心理内容的最深层再一次活跃起来；但是这个进一步的复归对他的艺术有利，他的艺术当时正处在变得难以发展的过程中。他遇到了一个女人，她唤醒了他对他母亲那充满爱欲的欢乐的幸福微笑的回忆；在这个复活了的记忆的影响下，他恢复了在他艺术奋斗开始时引导他的促进因素，那时他也是以微笑的妇女为模特儿的。他画了《蒙娜丽莎》《圣母子和圣安娜》以及一系列神秘的画，这些画都以谜一般的微笑为其特征。

不仅如此，一位名为丽莲·弗·施瓦兹的美籍博士运用计算机技术对《蒙娜丽莎》和达·芬奇的都灵自画像，也就是那幅长髯婆娑的自画像进行对比后发现了一个更为惊人的秘密，那就是这两个形象惊人的相似。于是，丽莲将《蒙娜丽莎》和都灵自画像各取一半拼接成了一幅全新的图画，称为“Mona Leo”，其中“Leo”是达·芬奇的名字列奥纳多的昵称，在丽莲看来，《蒙娜丽莎》是达·芬奇开的一个小玩笑，实际上这就是他的自画像。《蒙娜丽莎》似乎变得更为扑朔迷离，而我们却无从得知真相，但这些谜一般的事情无疑更增添了它的魅力。

蒙娜丽莎除了微笑，还有“美术史上最美丽的一双手”。这双手柔软而丰腴，右手搭在左手上，含蓄而内敛。有人说，这是因为蒙娜丽莎怀孕了，这是孕妇常用的手势，是对胎儿的保护，但我们知道这并非事实。实际上，关于这双手的姿态，达·芬奇内心早已有草图，而在达·芬奇为伊莎贝拉侯爵夫人绘制肖像画时，这个手势已然成熟。

1911年的失窃事件更是将《蒙娜丽莎》推到了风口浪尖。罪犯温琴佐·佩鲁贾是个微不足道的油漆匠，曾在卢浮宫工作过一段时间。佩鲁贾将画作藏在工作服里带出了卢浮宫后将它藏在自家炉子下面长达两年之久，这期间，谁也没有怀疑是这样一个罪犯如此轻而易举地盗走了巨作，毕加索和诗人阿波里耐甚至为此成为嫌疑人。两年后，当佩鲁贾意图将《蒙娜丽莎》卖给古董商时，他才被警方抓

达·芬奇自画像

《蒙娜丽莎》与达·芬奇自画像拼接图

获。而当被问及偷窃的动机时，这个罪犯竟然说他本想偷另外一幅，但最后考虑到《蒙娜丽莎》的体积较小更加容易偷窃，这不禁让众人哑然失笑。

关于《蒙娜丽莎》的玄机，还有一个就是画面的背景。当我们把蒙娜丽莎两边的风景对比着看时会发现，左边的景物离我们更近一些，呈现的是俯视的效果，而右边的景物离我们远一些，呈现的是仰视的效果。于是，在背景的落差之上，人物时远时近，飘忽不定，更添了一笔神秘的色彩。长久以来，人们总是认为达·芬奇将风景这样绘制必然藏着惊天的秘密，甚至有人认为这是一幅藏宝图。但根据近来的发现，这确实是写实的绘画，取材于距佛罗伦萨50多千米的阿尔诺河谷地区。当地人称这里为“地狱谷”，这里山峰林立，峭壁嶙峋，河水激荡曲折，总给人以不安和荒凉的感觉。达·芬奇在身为军事工程师时曾经来过此地。当然，达·芬奇不会随便选取一处景色来作画，而他究竟想要赋予这样的景色以怎样更深的内涵就需要我们继续探索了。

无论如何，《蒙娜丽莎》都是达·芬奇一生中的巅峰之作，在这之后，他再未有如此精彩的绘画。正如耶鲁大学的教授舍温·纽兰所对《蒙娜丽莎》的评价：

她在笑什么？她是否知道了我们不知道的事情，她怎么会知道我们的想法？这连我们自己都不知道。达·芬奇听见了一般人听不见的声音。我觉得这个微笑表示着：我知道一些你从来都不知道的事情，我了解你和这个世界，而你却永远也不得而知。这是达·芬奇传达给全世界的信息，同时也是一种夫子自道。所以，我觉得在这幅肖像画中，达·芬奇描绘的是自己，同时绘就了自己一生的故事。

但是，蒙娜丽莎的故事并未就此结束。1919 年，马塞尔·迪尚绘制了一个外貌被毁坏的蒙娜丽莎的画像，以此来表达对传统的否定和抗争。20 年后，一幅抽烟的蒙娜丽莎画像后来者居上，成为又一个著名的讽刺画。1926 年，吉米·克兰顿又将蒙娜丽莎搬上了舞台，演出以下面的文字开场：

她是穿着蓝色牛仔裤的维纳斯，
扎着马尾辫的蒙娜丽莎。
无论如何，蒙娜丽莎都是永恒。

巨人的较量

就在达·芬奇绘制《蒙娜丽莎》的时候，他还接受了另一项任务——在韦奇奥宫的议会室绘制一幅壁画，这是一个规模和重要性都可以和《最后的晚餐》相媲美的工作。

这次绘画的内容不再是传统的宗教主题，而是战争，执政团希望达·芬奇能够绘制一幅表现安加利之战的壁画。安加利之战发生在1440年，在这场战役中，佛罗伦萨击败了米兰，执政团无疑是希望宣传佛罗伦萨军队的英勇。

还记得马基雅维利和达·芬奇在伊莫拉结下的友谊么？在这幅壁画的创作中，马基雅维利帮了达·芬奇的大忙，他为达·芬奇提供了创作建议，他希望达·芬奇可以创作一幅多场景的叙事性壁画，鼓舞人心且英勇无比，这也符合执政团的意愿。但是，达·芬奇怎么会轻易妥协呢，他在一开始的草图中就充斥着战争的恐怖和残酷，中央是为争夺旗帜而奋力厮杀的骑士，旗杆已经折断，旗面也破败不堪，但是仍在风中招展。马儿受了惊抬起了前腿，战士在马背上怒吼，地上则血流成河，摔下马的人在地上肉搏。这与达·芬奇的亲身经历有关，在为波几亚服务的日子里，他亲眼目睹了战争的残暴，还曾写下了一篇名为《如何再现战争》的文章：

> 首先，你要画上大炮发射出来的烟雾，烟雾在空中和战马、士兵扬起的尘土混杂在一起……空中必须有从各个方向射来的箭镞，炮弹飞过之处留下一道烟幕……如果你要刻画一个跌倒的人，你必须要画出他的身体在血迹斑斑的泥泞中滑倒的地方……其他人必须要表现出死亡的痛苦，他们应咬紧牙关，转动双眼，双拳紧握靠在身上，两腿扭曲着……死去的战马上堆积着许多人。

单是文字叙述已经让人身临战场，何况是达·芬奇的绘画。达·芬奇意图表达的似乎更多是战争的残暴，他绘制的骑士被认为是“如野兽般的残忍”，有评论家这样说道：“《蒙娜丽莎》改写了肖像，《最后的晚餐》改写了传统叙述，《安加利之战》则改写了暴力运动的描绘。”达·芬奇再次陷入了痴迷的工作状态，踌躇满志打算再创造一个奇迹。

《安加利之战》

但是，半年后，执政团作出了一个令达·芬奇震惊和愤怒的决定：在对面的墙上请米开朗琪罗绘制另一幅壁画，同样是表现战争，但却是另一场胜利的战役——卡米诺战争。执政团无疑是为了让两位文艺复兴的巨匠在竞争中激发彼此的创作灵感，希望能在同一个议会厅中留下两幅巨作，但是这两位巨人同处一室却并不是那样和谐。

米开朗琪罗（1475—1564）

意大利文艺复兴时期著名的画家、雕塑家和建筑师、诗人，与达·芬奇、拉斐尔并称“文艺复兴三杰”，主要作品有《大卫》雕像等。

达·芬奇离开佛罗伦萨时，米开朗琪罗还只是个七岁的孩子，而当达·芬奇再度归来时，米开朗琪罗已经成为新一代的大师。不同于达·芬奇的优雅从容，米开朗琪罗是个鲁莽健硕的男子，自信满满，曾在一次纠纷中把另一位雕塑家打得面目全非。人们常说文人相轻，而艺术家们也总是带着些骄傲和自负，当达·芬奇遭遇米开朗琪罗，会发生怎样的故事呢？

我们知道，米开朗琪罗是借助《大卫》雕像一举成名的，但谁又知道这是用一块被毁坏了的大理石雕刻出来的呢？这块大理石被一个技术不佳的雕塑家损坏了后一直由佛罗伦萨大教堂管理，行政长官经常谈到要将这块大理石

《大卫》(雕像)

交给达·芬奇处理，但最后却交给了米开朗琪罗，促成了另一个巨人的诞生。我们当然不会认为达·芬奇因为这点小事而对米开朗琪罗怀恨在心，但在大卫像安置问题的研讨会上，达·芬奇提出了与多数人不同的想法，他认为应将雕像放置在偏僻的地方而非广场的入口处。达·芬奇对此给出的理由是为了不干扰共和国的庆典，我们并不能说这是完全没有道理的，但是却难免让人觉得有故意之嫌，达·芬奇和米开朗琪罗的嫌隙也自此根植。而我们知道，这座雕像最后被放在了广场中央，为此还不惜打破墙壁开凿搬运的通道。

关于两人之间的嫌隙还有这样一个小故事：有一天，达·芬奇路过圣特立尼塔广场，刚好有一群人正为但丁的文字争论不休。其中一个人叫住了达·芬奇，希望他来解释一下这段文字。达·芬奇不想卷入这样的意见纠纷，这时，恰巧米开朗琪罗路过，达·芬奇便说："米开朗琪罗来了，他会给你们解释的。"谁料急躁的米开朗琪罗认为达·芬奇是想要羞辱他，于是愤怒地回应："你自己解释吧！你这设计了青铜马像，却无法完工，就不得不羞愧地停手的家伙。"这样看来，达·芬奇和米开朗琪罗的关系已经相当紧张了。

就在这样的情况下，米开朗琪罗在对面的墙壁上摆开了战场。不知是否是故意对抗达·芬奇，米开朗琪罗抛弃了达·芬奇描绘战争中最激烈的场景的做法，他选择了战争中边缘地带的一个故事：洗澡时遭到了偷袭的士兵们。传记家瓦萨里这样描述这幅草图：

> 他在草图上画满了裸体的男子，这些男子由于天热在亚诺河里洗澡。因为敌人突袭，军营中响起了警报，战士们冲出河水穿衣服，这时米开朗琪罗颇具灵感的妙手开始描绘他们……士兵罕见的姿势各个不同。有些直立，有些跪着或斜着身子，有些身子在两个位置中间，所有的人都展示了一种最难的透视缩短的技巧……

毋庸置疑，这幅草图征服了众人。但是，没人会想到，达·芬奇竟离开了佛罗伦萨，选择避免这场正面交锋，可是他却在此时写了一篇文章，文章中说道："你不该让躯体所有的肌肉过于明显，除非肌肉所属的四肢正在运用很大力量或在劳作……要是你一定这么做，你创作出来的是一袋核桃而不是人体轮廓。"

不仅如此，达·芬奇甚至还贬低了雕塑，他说："雕刻家在雕刻作品时，需要用体力或臂力，用锤子雕凿大理石或去除雕像表面多余的石块。这是一项非常机械的劳作，常常伴随着汗水，汗水混合着石灰，满身污垢，满面大理石粉，全身灰白，像个面包师，搞得满屋污秽不堪，尽是碎石渣屑。……画家的处境却不同（我们只说一流的画家和雕刻家），画家衣着整洁，穿着称心的衣服，心情舒畅地坐在画架前面，手里挥着一支饱含柔和的精巧的画笔。画室窗明几净，周围尽是精美的画幅，画家聆听着悦耳的乐曲和动人的诗句，不受嘈杂的锤击声干扰。”

从中我们看出，在达·芬奇和米开朗琪罗的“战争”中，米开朗琪罗就像个全副武装的暴躁小孩，随时准备开战，但达·芬奇却总是云淡风轻地给出更致命的一击。

但是，也许谁都没有想到，这场较量的结局竟是米开朗琪罗学会了达·芬奇拖拖拉拉并且不完成订单的坏习惯。与以往不同，这次达·芬奇完成了他的壁画，但米开朗琪罗却并未把草图搬上墙壁。更让人感到无奈的是这只是米开朗琪罗不完成作品的开端，这种工作习惯伴随他终生。

巨人间的较量正是基于彼此不相上下的才华，虽然嘴上不肯认输，但心里多少还是佩服彼此的，在达·芬奇后来的素描中，有一张酷似《大卫》像的素描，这显然是借鉴和学习了米开朗琪罗，这让我们不禁会心一笑。

达·芬奇素描

但就在此时，传来了一个不幸的消息：塞尔·皮耶罗去世了。

在不久之前达·芬奇写给父亲的信中这样写道：

> 亲爱的父亲：
>
> 上个月最后一天，我收到了您写给我的来信，这使我短时间内悲喜交加。喜的是得知您身体健康，这我要谢天谢地，悲的是知道您遇到了一些麻烦……

这是我们所知的父子间的唯一一次通信，却不像家书，而像一篇生硬的作文。我们知道，达·芬奇一直十分尊敬父亲，在所有的笔记中把父亲称为“塞尔·皮耶罗，我亲爱的父亲”，但这种尊敬却显得过于生硬和刻意，反而让我们得知父子间那永远无法消弭的伤害。

在一张账单的间隙中，我们发现了达·芬奇的记录：1504年7月9日礼拜三9时，塞尔·皮耶罗·达·芬奇去世了。而在另一张纸上，达·芬奇再次进行了记录：1504年7月9日礼拜三7时，我父亲，德尔·波蒂斯塔宫的公证人塞尔·皮耶罗·达·芬奇过世了，享年80岁。他遗留下了十个儿子和两个女儿。

无论这对父子间存在着怎样的嫌怨，父亲的去世都让达·芬奇陷入了一种神经质的状态，他不仅重复记录，而且文字琐碎，甚至还将周二记成了周三，78 岁记成了 80 岁。但最让人感到心酸的是达·芬奇并未把自己算成父亲的子嗣，而父亲也未留给达·芬奇任何遗产。

无论是父亲生前，还是父亲逝世后，父亲给达·芬奇带来的伤害都是无法弥补的。当达·芬奇的一位同父异母的弟弟写信告诉他自己生了儿子时，达·芬奇的回信却不是祝福：

> 从来信中获悉你有了后嗣，我了解这件事给你极大的快乐。我以前认为你天生精明，但从你快乐的程度看来，我确信我并非敏锐的观察者，你也不是那么精明，居然会恭喜自己创造了一位虎视眈眈的敌人，他所有的能量都会导向争取自由，而这种自由唯有你死后他才能获得。

这封回信着实带着调侃和悲凉，我们不知道父亲逝世后达·芬奇是否获得了他想要的自由，但是我们知道他将永远无法摆脱他私生子的身份。达·芬奇不仅将父子比作敌人，还会表现出对整个人类的某种厌恶之情，他曾经说："世界上有那么多人可以被形容成只不过是食物的管道、排泄物的制造者以及粪坑的装填者，因为他们活在世上没有其他目的；他们没有任何嘉德懿行，他们身后所留下的一切就是满满的粪坑。”这当然是带有偏见的，但我们却可以理解达·芬奇的愤怒和并不平静的内心。

但无论如何，父亲的去世或许是促使达·芬奇暂时离开佛罗伦萨的又一个原因。在这段时间内达·芬奇回到了家乡芬奇镇，和叔叔弗朗切斯科一起度过了一些日子。我们知道，叔叔弗朗切斯科一直在达·芬奇的童年中扮演着重要的角色，他极其喜欢和疼爱这个孩子。后来，达·芬奇又前往皮翁比诺做了一次短途旅行，孤独一人。也许，达·芬奇是想用这些日子抚平心中的伤痛，他独自一人站在皮翁比诺的码头上，在狂风暴雨中望着渔民们的忙碌，达·芬奇的记载也带着一丝忧伤：

> 在皮翁比诺目睹码头起风：
> 天刮着狂风，下起了阵阵大雨，
> 树枝和树干都被卷入空中，
> 渔民们不停地从船中朝外倾倒雨水。

四个月后，达·芬奇回到了佛罗伦萨，开始把草图搬到墙壁上。但是，工作并未让达·芬奇完全从悲伤中康复，在工作笔记中，他写道：

> 1505年6月6日，钟敲响13点（大约是上午9：30）时，我在韦奇奥宫开始了创作。放下画笔之时，天气恶化，法庭的钟声响了起来。草图变得有点松了。盛水的罐子破裂了，水流了出来。突然，天气变得更糟糕了，倾盆大雨一直下到午夜。天地之间一片漆黑。

呓语般的文字总是出现在达·芬奇的笔记中，神秘而悲伤。在达·芬奇的悲伤中，壁画工程进展缓慢，执政团再次不耐烦起来。有一天，当达·芬奇去银行领取他微薄的薪水时，柜员想要给达·芬奇成堆的硬币，这似乎惹恼了达·芬奇，他随即反击："我不是一便士画家！"后来，达·芬奇甚至找朋友搜集了一堆硬币去还给银行。在我们的印象中，达·芬奇一直是温文尔雅的绅士，但父亲去世的悲伤和来自米开朗琪罗的工作上的压迫终于还是让达·芬奇情绪爆发。

安加利之战的壁画的绘制断断续续持续到了第二年的5月，但早在这一年的11月达·芬奇就再未领过薪水。

更值得一提的是，这幅可以和《最后的晚餐》齐名的壁画却不知身在何处，我们没有在议会厅的任何一面墙上见到它。在16世纪40年代之前，这幅壁画似乎还安然无恙地在那里，虽然达·芬奇使用了和《最后的晚餐》一样的方法，使得壁画有些许脱落，但是，后来瓦萨里——也就是我们多次提到的传记家，也是一位著名的艺术家——重新装饰了议会厅，但他这样做的具体原因我们并不清楚。几百年来，总有人希望在瓦萨里的笔迹下寻找达·芬奇的遗失的壁画，有人采用过红外线，还有人建议采用雷达探测，但时至今日我们还是无法明确知道这幅壁画究竟在哪一面墙上。在没有确定具体位置之前，没有人敢轻举妄动去抹掉瓦萨里的壁画，因为“瓦萨里可能不是列奥纳多，但他依旧是瓦萨里”。在瓦萨里的壁画里，一个并不引人注意的地方，瓦萨里用颜料写下：“寻找，你就会发现。”这更引领着人们不断探索壁画背后的达·芬奇真迹。

第5章：重回米兰

佛罗伦萨和米兰的“较量”

让我们再回过头去看看《岩间圣母》的情况吧。之前，达·芬奇在米兰完成了《岩间圣母》，并把它交付给了圣母无沾成胎协会。也许是达·芬奇的绘画不那么符合传统标准，圣母无沾成胎协会并没有把酬金付清。八年后，卢多维科购买了这幅画作为政治斗争中的礼物，达·芬奇奉命为圣母无沾成胎协会再创作一幅替代品。这次由达·芬奇和画家安布罗焦合作创作，显然酬金还存在着纠纷，但这次的纠纷必须在法庭上予以解决了。这场官司打了三年，结果却是达·芬奇在绘画中所占的比例太小，判决达·芬奇在两年内完成此画。而此时达·芬奇正在佛罗伦萨和执政团就安加利之战的壁画纠葛不断，于是，借着《岩间圣母》的判决，达·芬奇再一次前往米兰。

但无论是米兰还是佛罗伦萨都清楚，达·芬奇离开佛罗伦萨有着更深层的含义。此时，米兰的统治者已经变为了法国人。法国人对这个天才艺术家无疑有着更深切的热爱，他们迫切希望达·芬奇可以前往米兰，法国国王甚至希望可以将《最后的晚餐》转移到法国，但“画是在墙壁上创作的，这不得不使国王打消了念头，所以它仍然留在米兰人之间”。

佛罗伦萨自然也不想放行，尤其在《安加利之战》尚未完工的情形下。于是，达·芬奇签下了一份公证书，约定在三个月之内返回，否则就要承担一笔罚款。但是，事实却是达·芬奇足足离开了15个月，最后还是因为叔叔的遗产纠纷回来的。

这是达·芬奇一生中难得的平静安宁的日子，达·芬奇成了法国总督查尔斯·德安布瓦斯府上的贵宾，这位既喜欢巴克斯也喜欢维纳斯的总督这样评价达·芬奇：“还没亲自遇到他之前我们就很爱戴他。现在既然有他陪伴，根据经验谈到了他的多才多艺，我们的确发现他的名字没有受到充分赞扬。虽然他已经在绘画方面非常出名，但他拥有的许多其他惊人才能却没有被人充分称赞。”

的确，就在这期间，总督将修建避暑山庄的任务交给了达·芬奇，达·芬奇也竭尽所能希望真正建成一个天堂般的乐园。在达·芬奇的设想中，这个乐园种满了橘树和柠檬树，时刻散发着清新的香气；小溪在山庄中穿梭环绕，溪水清澈足以看见水草摇曳，水底的石子在阳光下闪烁；水草和鱼儿都是经过精心挑选的，以保证不会弄浑了溪水……除了这些，达·芬奇还设计了一个水力小磨坊：

> 利用这个磨坊，夏天无论何时都可以产生一阵微风。我会让水奇特、咕咕作响地飞起……磨坊将有助于造就通过房屋的水管和许多不同地方的喷泉。还有一条小路，无论什么时候行人经过那里，水都会从地下飞起。所以对那些想把水溅到女人身上的人来说，这可是一个好去处……我会让磨坊产生连续乐声，这只有有许多不同的乐器才能做到。只要磨坊仍在转动，乐音就不会停歇。

在这段文字中，我们仿佛真的看见了天堂，在持续的乐声中，喷泉舞动，女人提着裙摆淌过清澈的小溪……但是，这个天堂最终还是只存在于达·芬奇的草图和笔记中，像是陶渊明的桃花源一般令人神往。

三个月的期限很快就到了，但达·芬奇却不想回到佛罗伦萨再拾起画笔去完成《安加利之战》。一个月后，佛罗伦萨的行政长官写了一封愤怒的信给总督，要求达·芬奇立即返回佛罗伦萨：

> 列奥纳多……的行为不像他应该对共和国所表现的那样，因为他拿了一大笔钱，却只是在我们委托他创作的那幅伟大作品上开了个小小的头。他在为大人您竭力效劳的同时，却使自己成了我们的罪人。在这件事情上我们不想有进一步的请求，因为这件伟大的作品是为了我们所有公民的利益，让我们解除他的义务是对我们责任的忽视。

在这封信中，行政长官言辞激烈，显然对达·芬奇的“出逃”十分不满。对此，米兰方面也不甘示弱：

> 如果向他的同胞推荐这么一个多才多艺的人合适的话，我们衷心地把他推荐给你们。我们还向你们确保，为了扩大他的财富或授予他应得的荣誉，你们所

做的一切都会给他，也给我们带来最大的快乐，我们将因此对你们感激万分。

这封回信看似彬彬有礼，实际上却在指责佛罗伦萨对达·芬奇的轻视。总督还在回信中说自己并不会阻挡达·芬奇的回归之路，但实际上这是因为他明白达·芬奇是不会离开米兰的。

这场为了达·芬奇的激烈交锋使佛罗伦萨和米兰再次陷入了紧张的关系中，达·芬奇似乎成了一个筹码，继续下去还可能成为战争的导火索。最终，法国国王的命令平息了两个城邦的愤怒：“我们非常需要你们佛罗伦萨城市的画家列奥纳多·达·芬奇大师……请写信给他，让他在我们到达之前不要离开米兰。”

于是，达·芬奇终于可以如愿留在米兰，但是他也知道这仅仅是短暂的停留。后来，当法国国王平息了热那亚的叛乱来到米兰时，达·芬奇在这个被法国占领的土地上，策划了浩大的欢迎仪式。

叔叔的遗嘱

米兰的快活日子并没有持续太久，只有 15 个月，达·芬奇终究还是回到了佛罗伦萨，但原因却并非公民的责任感，而是叔叔的遗嘱。

我们知道，达·芬奇的父亲在去世时并未留给他一点遗产，这无疑是对私生子达·芬奇的最后的也是最彻底的伤害。但是，十分疼爱达·芬奇的叔叔弗朗切斯科却将自己的遗产全部留给了达·芬奇。弗朗切斯科的遗嘱是在塞尔·皮耶罗去世后不久立下的，像是表达对塞尔·皮耶罗的不满和抗议，在遗嘱中，弗朗切斯科将达·芬奇指定为自己的唯一继承人。但是，这份遗嘱却和较早的一份协议相违背，在那份协议中，弗朗切斯科和塞尔·皮耶罗约定弗朗切斯科的遗产只能由塞尔·皮耶罗的合法后裔继承。于是，这场家庭纠纷将达·芬奇再度卷入了一场官司之中。

七月的时候，达·芬奇回到了佛罗伦萨。在达·芬奇的父亲塞尔·皮耶罗逝世后，他和达·芬奇的紧张关系似乎借着这场官司转嫁到了他的合法子嗣身上。在这场官司中，争夺的很重要的一份财产是弗朗切斯科名下的采石场。我们知道，弗朗切斯科和达·芬奇亲如父子，这个采石场也是达·芬奇出资帮助弗朗切斯科购买的，但是他的同父异母的兄弟们却不肯善罢甘休。于是，达·芬奇给他的兄弟们写了一封信，信中说道："你不想他买采石场时借的钱再还给他自己的继承人吧。"

在诉讼期间，达·芬奇获得了两封对他有利的信件。其中一封是法国国王写给佛罗伦萨执政团的，在信中，国王请求执政团本着对达·芬奇有利的原则介入。另外一封是法国驻米兰总督的信，信中表示达·芬奇需要尽快回到米兰为国王绘制他非常喜爱的绘画，希望执政团尽快处理完这件事。但是，这两封信都没有对这起官司起到决定性作用，官司还是拖沓了整个冬天。我们并不清楚这个案件的结果，但是，显然达·芬奇同父异母的兄弟们对他的态度"不像是兄弟倒完全像是陌生人"。

为了打发这段煎熬无聊的日子，达·芬奇开始整理自己的手稿。我们知道，达·芬奇一生中留下了众多的手稿，不知是害怕自己的作品被盗还是小时候养成的左手书写习惯，所有的手稿都采取“镜体”书写。“镜体”是对达·芬奇书写的形象叫法，即不仅从右向左书写，而且每个字母都是逆向写成的，仿佛是镜子反射般。由此我们更加可以确信，达·芬奇未受过正规的教育，因为传统的拉丁语学校是不会允许学生自右向左书写的，更何况是逆向书写呢。在这段时间内，达·芬奇整理和编纂了《莱彻斯特手稿》，这是他所有手稿中标准最为统一的，虽然只有72页，但其中内容庞杂，字迹很小而且整齐，草图都被挤到了书页的边缘。在这本笔记中，达·芬奇思考了地球这个宏观问题，他把地球比喻为人体：

> 我们可以说地球是有生命的，它的肉体就是土壤，骨头就是连续的岩层，软骨就是石灰华，血液是河流的经脉，位于心脏附近的血湖就是海洋。地球的呼吸就是脉冲血液的涨涨落落，即使如此，在地球中还有海洋的退潮和泛滥。

这些形象而生动的比喻显然和达·芬奇的解剖事业密切相关，他试图从解剖出发去认识这个世界。除了地球，达·芬奇还想到了月球问题，他想知道月球为什么会发光，他甚至推理出了这是地球光线的反射。此时，达·芬奇更像一个科学家和哲学家，用诗化的语言去阐释宇宙的科学规律。

1994年，微软总裁比尔·盖茨以3000万美元的价格购买了《莱彻斯特手稿》。根据习惯，该手稿会以收藏者的名字命名，在盖茨之前，该手稿称为《哈默手稿》。但是比尔·盖茨并未把它命名为《盖茨手稿》，而是恢复了它最初的名称《莱彻斯特手稿》。我们知道，比尔·盖茨也算是一位科学狂人，有着传奇的经历，当被问到为何购买此手稿时，盖茨说："因为我需要它。"也许，这就是英雄相惜吧。

但是无论如何，达·芬奇还是回到了米兰，而且是回到了久违的画室，再次贡献给世人两幅伟大的作品——《圣母子与圣安娜》和《丽达》。七年前，达·芬奇曾在佛罗伦萨创作过《圣母子与圣安娜》，我们应该还记得当时引起的轰动，七年后，达·芬奇再度拿起画笔创作这幅画作。在这幅素描中，圣母、圣安娜、小基督和小圣约翰四人几乎充斥了整个画面，异常突出地使人的目光完全集中在此，具有了雕塑般的凹凸感。但是，无论是结构、细节还是光泽，这幅素描都超越了雕塑，正如达·芬奇本人所说："雕塑不能再现发光和半透明的物体，例如带着面纱的人物只有纱巾下面的部分才可以看到。"另一个引人注目的特点是圣安娜指向天空的手指，也许我们还记得《岩间圣母》中圣母和天使那令人难忘的手势，但这些手势的深层内涵我们却无从得知。在这幅素描中，圣安娜的手指、小基督的身体和圣母的手臂构成了圆润的弧线，给人以舒适的延伸感。这幅素描只是一个草图，如同达·芬奇的诸多作品一样，它也历经险阻。因为它曾在柏林顿府邸的皇家艺术院悬挂了多年，于是也被称为《柏林顿家族的肖像草图》，但是很不幸，由于这幅素描是斜靠在柏林顿家族地下室的散热器上的，湿热对这幅画作造成了难以磨灭的损害。后来，这幅画作辗转到了伦敦国家美术馆，但是它的磨难却并未结束。有一天，一个男子站在草图前用单管十二孔的猎枪瞄准这幅画像并开枪射击，保护玻璃阻挡了子弹，但巨大的冲击力仍然使画作留下了6英寸的浅坑。实际上，达·芬奇后来又创作过同主题的油画，但却与这幅素描全然不同，小圣约翰不再出现在油画中，羔羊却回归了，整体的基调也从清凉变为了甜蜜。

据我们所知，之前达·芬奇的画作一般只涉及现实和宗教两种题材，但是现在他却开始涉足古典神话。丽达与天鹅是古希腊神话中的一则爱情故事，众神之王宙斯看见了美丽的人间公主丽达，便化作天鹅来到人间与丽达幽会，后来，丽达生下了四只天鹅蛋，孵出了四个神。毫无疑问，丽达是带有异教色彩的圣母，与基督教中上帝造人的故事相背离。关于这个主题，达·芬奇创作了诸多关于丽达的草图，草图中达·芬奇设想了丽达的各种形象，但一般都是采取带有古典风格的屈膝跪着的姿态。其中有一幅是《丽达与天鹅》，这幅画作再次凸显了达·芬奇的神秘和抽象，让人难以理解。画作中未出现婴儿的形象，但是繁茂的植物却勾勒出了婴儿的轮廓，而且画作中处处暗示了繁育能力。在这幅画作中，无论是丽达还是天鹅都是用螺旋影线勾勒而成的，在杂乱中又带着规律性，更像是雕塑。让人不解的是，这幅画中的丽达和天鹅都过于丰满，甚至有点脱离美感。这幅画作引发了巨大的争议，甚至一度有人称其伤风败俗。但是，只有这幅草图我们确认是达·芬奇的手笔，虽然我们相信达·芬奇还有一幅属于自己的丽达画像。长期以来，人们一直将《跪着的丽达》看作是达·芬奇的作品，但现在几乎无可争议地认为是达·芬奇的助手贾姆彼得利诺的作品。但是，经过对这幅作品进行技术监测，我们似乎发现了更大的秘密，在这幅画作下面

《丽达与天鹅》

我们发现了底稿，底稿表明这幅画作是根据达·芬奇“跪着的丽达”的素描演化而来的。而在画作的底层下面，我们发现还有底层，在这一层上保留着圣安娜草图的一部分。于是，这幅画作再次变得扑朔迷离起来。

已经是深秋了，达·芬奇开始了一本新的笔记的写作——《论世界及其水体》。这本笔记的完成只用了六个星期，共有192页，达·芬奇自己描述道：

> 首先要描写各种运动态势的水。接着描述所有的河底和其中包含的物质……要做到井然有序，否则整个工作就毫无章法。要描述从波浪最大到波浪最小时候水的所有形态，以及造成这些状态的原因。

达·芬奇对于水一直十分痴迷，对水的研究也十分深入，也许这就是为何这本笔记如此迅速完成的原因。达·芬奇总是热衷于描绘水的流体结构，这在他画作中人物的头发上可以寻得踪迹，不仅如此，达·芬奇还会考虑水的物理应用，这也体现在他后来对运河的开凿等工程项目上。

当然，这本笔记和他的其他笔记一样，内容包罗万象。达·芬奇在笔记中也讨论了几何学，尤其是“得洛斯岛的问题”。之所以称为“得洛斯岛的问题”，是因为这来源于

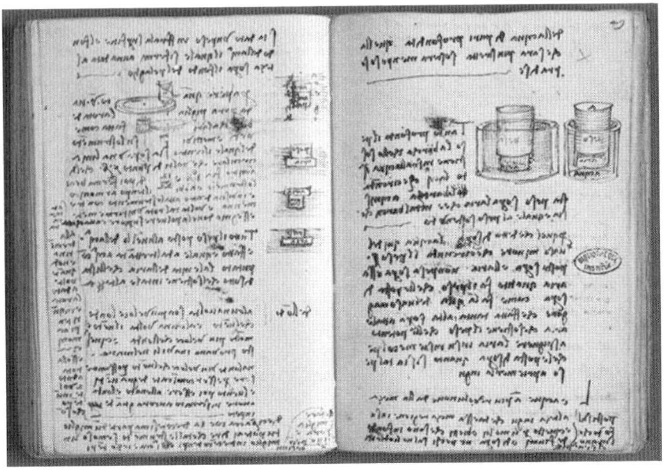

达·芬奇笔记

一个古典神话故事：阿波罗帮助得洛斯岛摆脱了瘟疫，为此，得洛斯岛的人们想要把阿波罗的祭坛扩大为原来的两倍以纪念他。而由于祭坛是一个完美的立方体，这就要求计算立方根，也就成为一个数学问题了。

这本笔记之所以称为《论世界及其水体》，达·芬奇一定在笔记中对世界进行了探讨。对世界的探讨是从对光的讨论出发的，最后达·芬奇得出了关于世界的看法：

> 整个宇宙中，再也看不到比太阳规模更大、力量更强的星球了。阳光照亮了遍布宇宙的所有天体。太

阳发出所有重要的能量，因为所有生命的热量都来自这些重要的能量，宇宙中没有其他热量和光线。

以现在的观点看来，这段话无疑是存在问题的，因为宇宙广袤无边，太阳的伟大只能体现在太阳系中罢了。但是，我们要知道，在达·芬奇的时代，他能把这个宇宙扩大到太阳系已实属超前的观点了。

真正的解剖学家

在佛罗伦萨的最后几个月里，达·芬奇忽然变得沉默起来，他甚至不再与行政长官联系，而是更愿意坐下来写作。达·芬奇的确有些老了，视力因成堆的文件变得更加糟糕，体力似乎也有些力不从心了，连胡子都有些花白了。但是，就是在这样的情况下，达·芬奇却再次燃起了对解剖的兴趣，拿起了冰冷的解剖刀。

解剖大多是在新圣母玛利亚医院完成的，那里是达·

芬奇的储藏室和仓库。当时，解剖是需要得到官方许可的，而且这种限制极其严格，即使得到了解剖许可还是会被谣言和迷信干扰，甚至会被认为是一种妖术。但是达·芬奇并不会为此屈服，为了有足够的解剖素材和机会，他甚至会躲进自己的工作室，在深夜里进行解剖。达·芬奇曾经谈到过解剖室里午夜的恐惧，“因为身边都是一些经过肢解和剥皮的死人，看了不禁令人毛骨悚然”。

在这个阶段，达·芬奇对解剖的兴趣主要集中在血管系统上，为此他对比了一个老人和一个孩子。达·芬奇记录了他对老人尸体的解剖过程：

> 这位老人在去世之前几个小时告诉我，他活了一百多岁，除了身体虚弱之外没有感到其他毛病。坐在佛罗伦萨新圣母玛利亚医院的病床上，他没有任何痛苦的动作或迹象就离开了人世。我对尸体进行了解剖，以查明是什么造成了这种甜蜜的死亡。

在这看似平静的记录下却掩藏着午夜里独自一人面对尸体的恐惧。他“把这些血管周围的人肉去除得丝毫不剩，除了毛细血管一滴几乎看不见的流血之外”，听起来让人毛骨悚然，但是达·芬奇还是记录下了老人的解剖结果，皮肤“颜色像木头或干栗子一样，因为皮肤几乎完全失去了滋养”，肝脏“颜色和成分都如同凝固的麸皮一样干枯了”，而动脉“脉管变长了，像蛇一样扭曲着”。也许我们还记得达·芬奇的解剖学家理想，希望出一本好的解剖学著作，显然这些形象生动的语言和素材都可以帮他更好地实现这个梦想。

与此同时，达·芬奇还解剖了一个两岁儿童的尸体，他写道：“我在其中发现了与那位老人尸体恰好相反的一切。”而这一切记录都是在一张关于脖子和肩膀的解剖图中的。

随着解剖和研究的深入，达·芬奇希望自己可以在1510年完成所有解剖著作。达·芬奇在帕维亚参加了解剖学领域新近涌现的大师马尔坎托尼奥·德拉·托雷的讲座。达·芬奇很欣赏这个后起之秀，马尔坎托尼奥也十分尊敬这位大师，此时，马尔坎托尼奥在医科院校的手术室为达·芬奇提供了解剖的绝佳地点，我们不知道达·芬奇是否亲自参与解剖，但当马尔坎托尼奥在解剖时，达·芬奇无疑可以坐在旁边一边观察一边用素描进行记录。

两人不仅在工作上相互帮助，精神上也十分和谐，他们都希望写出一本生动丰富的解剖学教科书，摒弃千篇一律和生硬的现行教科书。可惜马尔坎托尼奥英年早逝，在

29 岁时就死于一场瘟疫，而他的作品也大都遗失了。幸运的是我们有达·芬奇的珍贵记录，达·芬奇希望可以用语言来更加生动形象地描述解剖学，例如：

> 通过从不同角度看待人体，你就会得到关于身体任何形状的真正知识。这样为了表现人体四肢的真正形状……我会遵照上述原则，为每个肢体的四个侧面作出四次示范。至于骨头，我会作出五次示范，把骨头从中间切开，显示每根骨头内部的中空部分，其中有条充满了骨髓，另外一条则如同海绵一样或里面什么也没有或是实心的。

达·芬奇的笔记总是混乱而让人难以理解，但是他关于解剖的笔记却精准无比，仿佛我们就站在这个巨人的旁边，看他利索地进行多角度解剖。

达·芬奇和马尔坎托尼奥的合作由于马尔坎托尼奥的逝世而遗憾地终止，于是在1513 年，达·芬奇来到了罗马。也许我们还记得，当年由于洛伦佐对达·芬奇的偏见导致达·芬奇无法作为文化使者前往罗马的伤心事，这次达·芬奇终于扬眉吐气了。佛罗伦萨在历经风雨后，政权又回到了美第奇家族手中，执政者是朱利亚诺·美第奇。在朱利亚诺的哥哥乔瓦尼·美第奇成为新一任教皇列奥九世后，朱利亚诺被任命为教皇军队的总司令，这使得他必须驻守在罗马，于是，他将佛罗伦萨的执政者位置让给了自己的侄子。不同于洛伦佐·美第奇，朱利亚诺十分欣赏达·芬奇的才华，他特地为达·芬奇在梵蒂冈的观景楼准备了居所，邀请达·芬奇前往罗马，达·芬奇成为了罗马的座上宾。

解剖学在当时是离经叛道的事情，何况达·芬奇还身处于基督教的核心地区，但是达·芬奇却并未就此放弃解剖学。就在此时，达·芬奇触及了解剖学中更为深入的问题——胚胎学。在达·芬奇的笔记中，有一幅子宫中胎儿的素描，其中提到了人们在今天依旧不断探索的问题：未出生的婴儿是否有灵魂。在解剖学的基础上，达·芬奇给出了自己的答案，他认为尚未出生的婴儿是不具有自己的灵魂的，“同样的灵魂控制着这两个躯体，躯体与其创造者一起分享自己的欲望、恐惧和哀愁，就像灵魂与（母亲的）身体其他部分的关系一样”。这样的观点无疑是异教徒的观点，与基督教背道而驰，这为达·芬奇的解剖生涯埋下了隐患。

作为科学的信徒，达·芬奇曾经抨击过那些招摇撞骗的炼金术士：

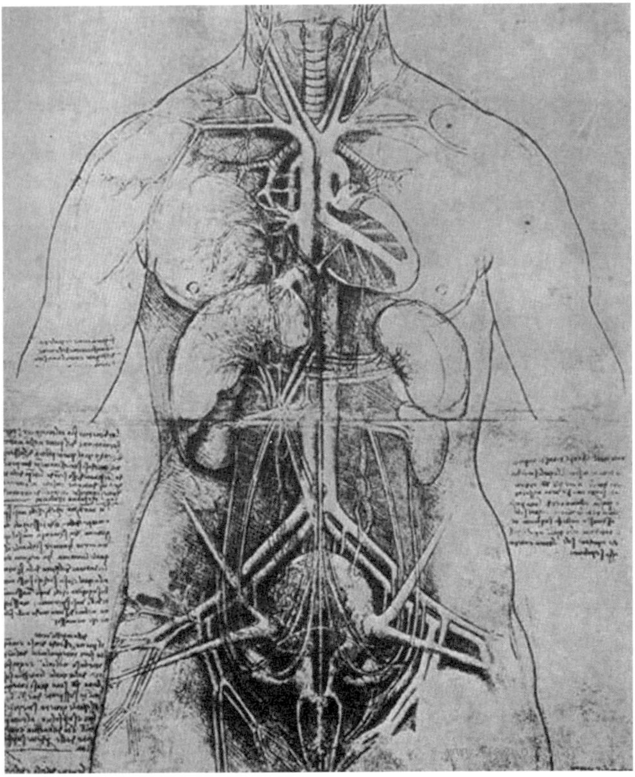

达·芬奇手稿

自然会替自身向那些希望实现奇迹的人们报仇……因为他们总是生活在最可怕的贫穷之中。对于那些力图制造金子和银子的炼金术士，那些希望从死水中创造出永不停歇的能量的工程师们，那些在所有人中最为愚蠢的巫师和魔术师来说，情况现在如此，将来也永远都是如此。

这段带有讽刺和诅咒意味的话无疑让术士们怀恨在心。在罗马时，达·芬奇不幸遭到了这些人的报复。当时，达·芬奇正在研究一种反射望远镜。很早之前，达·芬奇就对光与影表现出了极大的兴趣，而此时，他正对凹面镜和色彩做深入的研究。这种研究是秘密进行的，但是他却需要工匠来帮忙，于是，德国制镜工匠乔万尼成为达·芬奇的助手。乔万尼诬告达·芬奇在搞巫术，使得达·芬奇无法再继续从事合法的解剖工作。这使达·芬奇异常愤怒，他给朱利亚诺写了一封信：

请您不要相信这个恶毒的德国人，他想偷走我的计划蓝图，好把它带回他的国家，我不准许他这么做，我也不会让他在我的工作室装满镜子，再运到市场去卖。由于我反对他的诡计他就恶意中伤我，说我是巫

> 师、炼金术士，是施行妖术的人，最重要的是他的谎言，已经妨碍到我继续进行解剖学的研究，现在我不得不进了医院，我的研究已经遭到官方禁止。

但是，这封信显然没有起作用，达·芬奇的解剖事业最终还是被迫终止，而且可以说是到此为止了。还记得达·芬奇曾经想要写一部解剖学著作吗？他曾雄心勃勃地想要用一部书来囊括自己对于世界的思考，最终，这部书成了一个泡影，当然没有人能独立完成这样一部巨作。在解剖学的领域里，达·芬奇研究了肌肉运动，研究了血液循环，研究了大脑，研究了死亡，研究了灵魂，虽然他未能得到任何殊荣，虽然他没能弄清心脏跳动和血液循环间的联系，但他当之无愧是解剖学的先驱。

第6章：最后的岁月

在罗马老去

达·芬奇的解剖事业终于还是让他和教皇的关系紧张起来，而在这个关键时刻，朱利亚诺却离开了罗马，留下达·芬奇孤独一人来面对这些困难。

实际上，此时的罗马可谓群星荟萃，因为米开朗琪罗和拉斐尔也同在罗马。与达·芬奇相比，这两位当然是后生小辈，何况达·芬奇还与米开朗琪罗摩擦不断，但是与达·芬奇的受冷落相比，米开朗琪罗和拉斐尔的事业却蒸蒸日上，深得教皇的青睐。在米开朗琪罗和拉斐尔不断接到设计教堂和绘制壁画的大工程时，达·芬奇却只能去改良一块被河水长期浸泡的沼泽。于是，达·芬奇每日实地考察勘测，试图排干积水，使沼泽变成适于居住和农耕的地方。达·芬奇的设想和方案固然美好，但实施起来却困难重重，不可避免地失败了。

这时，教皇委托达·芬奇绘制一幅《施洗者约翰》，达·芬奇立刻就开始动手提炼油画颜料和植物来制造清漆。但是，教皇却并不理解达·芬奇的这种做法，他说道："唉，这人绝不会做成任何事，因为还没开始工作，他就已经考虑到结果了。"而在大多数人看来，这种做法更应该形容为未雨绸缪。事实也证明，正是这些清漆使得《施洗者约翰》具有了别样的光泽和色彩，沐浴在祥和与神秘中。

在无法继续进行解剖的空闲日子里，达·芬奇还绘制了《发胖的天使》和《大洪水》。如同《丽达》一样，《发胖的天使》同样引发了世人的震惊和恐慌，曾有人这样描述这幅画作：

> 在此人们遇到了所有的矛盾，不仅有阴柔和阳刚之间的矛盾，还有某种狂喜和趋于愤怒的悲哀之间的矛盾。人们的嘴非常性感，有点孩子气，嘴半张半闭，

施洗者约翰

给人欲言又止之感。简而言之，我们感到了一种不安。……或许，这是天使背后一些魔鬼般的东西。

很明显，这是一幅完全背离了传统的画作，且让人感到了强烈的不安。不仅如此，这幅《发胖的天使》背后还隐藏着一个更大的秘密：《发胖的天使》还可以被称为《患病的巴克斯》。巴克斯和丽达一样，都是异教的象征，是朱庇特的儿子，同样是生殖崇拜的代表。正如达·芬奇致力于解剖一样，在基督教的世界里，他是一个离经叛道的天才。关于达·芬奇的宗教信仰，艺术家瓦萨里曾经说过："他的思想非常异端，不满于任何宗教。在所有事情上，他都认为自己不是基督教徒，而更像一个哲学家。"

除此之外，达·芬奇还在这幅画作的反面写了三个单词："闪电""风暴"和"霹雳"。这三个单词同样出现在了《大洪水》之中。也许我们还记得达·芬奇曾在暴风雨中站在码头上观看渔夫们的劳作，也记得他在创作壁画时对平地而起的大风的记录，达·芬奇总是对这些强烈的力量和冲击充满兴趣，包括风暴、旋涡和自然灾害。达·芬奇不仅善于用素描记录影像，而且善于用文字记述后再将这些转化为画作。例如，关于暴风雨，达·芬奇就曾在笔记本上写道：

你必须首先画上被驱散和撕裂开来的云彩。它们随风舞动，中间夹杂着从海边吹来的沙尘，树干还有树叶从其他到处飞动的轻小物体中掠过，四散开来……大风卷起海浪，将它们狠狠抛掷出去。暴风雨的天气呈现出一种令人窒息的浓雾。

又如，达·芬奇对风暴的记录：

大风的旋涡……敲打着海面，掀起了浪花，形成了巨大的中空地带。风把海水抛入空中，成为云彩颜色的柱状物。我在亚诺河的沙丘上看到了这景色。沙丘中间被挖空，形成了一人的高度，沙子和砂砾被风吹得到处都是，在面积广大的区域内成为分散的一堆堆。沙子在空中成为巨大的钟楼形状，顶端如同巨大的松树树干披散开来。

达·芬奇的文字总是带有这样的末日气息，带有席卷一切的狂暴的力量，但又有内在的平静，如同他平静的观察和记录，带着神秘的魅力。关于大洪水，达·芬奇写下了六篇文章来记叙，其中一段文字这样写道：

被吹倒的树上挤满了人，轮船撞到岩石上成了碎片。一群群绵羊；冰雹，雷电，还有旋风。人们躲在连自身都难保的树上。树木、岩石、城堡和小山上都挤满了人。船只、桌子、水槽，还有其他可以用来漂流的工具。山顶上到处都是男男女女，还有各种动物，从云端透出的闪电照亮了一切。

达·芬奇的文字总是能把我们带到他的身后，和他一起面对这一场灾难，在暴风骤雨的山巅上摇摇欲坠。这些文字看起来就像是末日审判的景象，世界开始陷落，但达·芬奇却像是上帝般冷静地旁观着慌乱的世界。

大洪水的素描共有十幅，用黑粉笔绘制而成，在这些素描中，中间是巨大的旋涡，卷曲的笔画描绘出旋涡强烈的离心力，外围岩石爆裂，水墙飞散。这是自然的力量，也是内心的力量，仿佛是达·芬奇希望在这样的慌乱中突围的渴望。

无论是《发胖的天使》还是大洪水素描，我们都可以感受到达·芬奇内心的迷乱和动荡。在罗马炎热的夏季中，达·芬奇病了，我们必须承认，他已经是一个年过花甲的老人了。更加不幸的是，这是一场对于画家而言可以宣判死刑的病——手的瘫痪；不幸中的万幸是，左撇子的达·芬奇瘫痪的是右手。但无论如何，一个人无法完全控制他的身体都是一种莫大的悲哀，何况无法控制的是画家的手。在这之后，达·芬奇再未绘制过大型的壁画，连小幅的油画也没有，只有一些素描。画家的世界里突然少了色彩。

还记得达·芬奇小时候的恶作剧么，此时他“重操旧业”，把蜥蜴弄成了吓人的怪物。有一天，园丁发现了一只奇形怪状的蜥蜴，于是，达·芬奇用水银和其他蜥蜴身上的鳞状物等混合物给它安上了翅膀，翅膀会随着蜥蜴的爬行而颤动。除此之外，达·芬奇还给蜥蜴装上了眼睛、触角、胡子等，把它彻底改造成了一个小怪物并用它来吓唬朋友们。

这个小把戏很快就让达·芬奇厌烦了，于是百无聊赖的他把羊肠洗净晾干后套在了风箱上。当朋友们来时，达·芬奇鼓动风箱，羊肠就越来越大，逐渐充满了整个房间，朋友们有人被挤到了墙角，还有人被挤出了门，达·芬奇则在旁边哈哈大笑。

这太像一个老顽童了，但关于达·芬奇的模样，没有任何确定的资料留下来，我们也只是从只言片语和画作中去寻得答案。我们应该还记得达·芬奇的老师韦罗基奥的《大卫》像，我们说那幅雕像的模特就是达·芬奇，那时达·芬奇还年少，但他现在已经老了。在人们通常的印象中，达·芬奇的模样就是他都灵自画像中的形象，根据现有资料，那应该是达·芬奇的封笔之作。有人这样评论这幅画：

> 人们从这幅自画像里，可以看出巨匠的思考力、智慧和性格的特征。人们可以看到具有坚强不屈的意志的鼻梁和嘴唇，洞察一切事物的敏锐的眼睛。波浪式的长发连接着下须，掩盖着深思而庄严的脸，给人留下一个具有无限生命力的伟大师匠的印象。

都灵自画像是一幅正面稍稍侧向左边的肖像画，年纪显然更老一些，额上的头发已经掉落。与此相对应的，达·芬奇的肖像画中有一幅是他的学生用红粉笔绘制的侧面像，下面用优雅的字母刻着“列奥纳多·达·芬奇”，画中的达·芬奇俨然一副圣徒模样，波浪般的长发伴着长长的髯须，目光坚定而优雅。

达·芬奇自己在此时也绘制了一幅老人的肖像画，这幅素描和一幅描绘旋涡的素描在一张纸上，左下角就是老人的肖像画。画中的老人坐在石头上，一手撑着额头和腮，一手拄着高高的拐杖。老人看起来面露愁容，十分疲倦，但依旧在苦苦思索。老人目光所及之处就是那些旋涡，我

达·芬奇侧面像

达·芬奇手稿

们还记得达·芬奇对于旋涡的执着和迷恋，看起来画中的老人是在注视着旋涡，但事实证明这的确是两幅素描。可是，我们又真的敢笃定达·芬奇不是有意为之吗，达·芬奇可是很乐意玩些这样的把戏。有人说这是达·芬奇绘制的自画像，这和我们印象中的达·芬奇相距甚远。对此，有人指出：这是达·芬奇绘制的一幅漫画，反映了他此时的心境，他悲哀地把自己刻画成这样一个年老体衰、忧郁无力的人。

达·芬奇甚至在笔记中抄写强身健体的良方了：

要想身体壮，服从这良方。

没胃口时不要吃，轻轻进餐，细细咀嚼。

不管吃什么，饭菜要煮熟，配料要简单。

吃药之人不听从劝告。

谨防动怒，避免污浊空气。

吃饭之后要起身，站立一小会儿。

确保中午不休息。

让酒变温和，饮酒要少量，次数要经常。

两餐之间莫喝酒，空腹亦如此。

如厕时间勿耽搁。

若是去锻炼，强度不要大。

躺在床上时，肚皮莫朝天，头顶勿朝下。

夜间入睡要盖严。

放松大脑，心情爽。

避免变化，遵守这药方。

我们似乎很难想象达·芬奇竟然在他充满了科学设计和哲学反思的手稿中抄写这样平庸的顺口溜，仿佛这只是邻家迷信的老爷爷。但是，无论如何，我们都必须承认，达·芬奇老了。

就在达·芬奇老去的岁月里，亲情忽然变得那样重要，过去的恩怨似乎已经一笔勾销，达·芬奇和兄弟们成为愉快的一家人，这是在1514年底。还记得曾经让达·芬奇烦恼不已的叔叔的遗嘱吗，当时他的同父异母的兄弟们不惜和他对簿公堂，领头人是他最大的弟弟。达·芬奇老了，他的弟弟也成了一个温厚的中年人，继承了父亲的公证人职业，娶妻生子。达·芬奇的弟弟和达·芬奇的和解并非仅仅出于亲情，也许还有工作和仕途上的需要，但这对于老年的达·芬奇而言已经不重要了，有什么比家庭的温暖更宝贵呢。于是，达·芬奇为了弟弟的申请书不断奔波在教皇的官僚部门并为官僚作风困扰不已；达·芬奇还设计了一个机器狮子，巧妙地化解了佛罗伦萨和法国的紧张关系。这是1515年法国国王弗朗西斯登基时的事情，美第奇家族将这个机器狮子作为礼物让朱利亚诺带到了法国。机器狮子启动后开始在大厅中移动，停下来时，狮子的胸膛张开，露出了里面的百合花。要知道，百合花是法国王室的纹章，而狮子则是法国的象征。于是，在一片欢乐的气氛中，佛罗伦萨和法国再次建立了良好的关系，同时，这也为达·芬奇的法国之行奠定了基础。

机器狮子

法国庄园的最后岁月

1516 年，达·芬奇的庇护人朱利亚诺死于肺结核，这使得达·芬奇的生活再次陷入前途未卜的状况。在这个夏天，达·芬奇作出了离开罗马前往法国的决定，这时，他已经 64 岁了，这是他一生中最长的一次旅行，也是最后一次。

我们应该还记得法国人对达·芬奇的爱戴，就在这一年的年底，年迈的达·芬奇穿越阿尔卑斯山脉成为法国国王的画家，在法国安定下来了。

此时，法国的国王是弗朗西斯，这是一位年轻但才华横溢的绅士，他认为达·芬奇不仅精通雕塑、绘画和建筑，还是一位真正的伟大的哲学家。这些本该属于达·芬奇的赞誉竟来的这样迟，而且是在异国他乡的土地上。但无论如何,达·芬奇还是获得了本该属于他的东西。弗朗西斯

克卢克斯宅邸

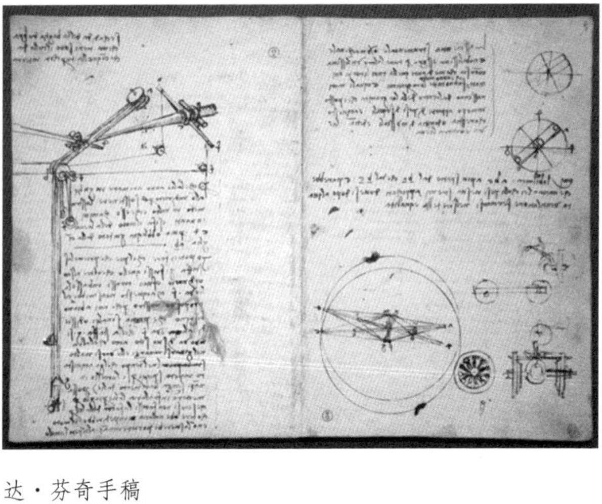

达·芬奇手稿

不仅为达·芬奇提供了丰厚的报酬，还为他提供了一个豪华并且舒适的居所——克卢克斯宅邸，这是达·芬奇最后的温暖的家。

克卢克斯宅邸坐落在微斜的平地上，绿油油的菜园映衬着红砖的房子，小小的池塘遥相呼应。达·芬奇的工作室在二楼，从窗户看出去可以望见城堡的小型炮台，望见远处的山峰和树林，河水蜿蜒曲折。房子里还有管家兼厨娘玛德丽娜，照顾着达·芬奇的饮食起居，为素食者达·芬奇做他喜欢喝的蔬菜汤。达·芬奇是一名坚定的素食主义者，虽然我们不知道从何时开始。有人曾经这样描写达·芬奇："一个叫作古扎拉蒂的性格温和的民族。就像我们的列奥纳多·达·芬奇一样，他们不吃任何含有血液的东西，也不允许任何人伤害生物。他们以米饭、牛奶和其他无生命的食物为生。"而在达·芬奇的一张手稿上，文字戛然而止，最后一行却写着"汤在变冷"几个字。我们可以想象这样一个场景：厨娘玛德丽娜不停地催促达·芬奇去喝那碗他喜爱的正在变冷的蔬菜汤，达·芬奇却不肯停下手中的工作，他忽然有感而发，自己的这一生似乎也将随着年老和死亡逐渐冷掉，顿时满心悲凉。

达·芬奇故居室内陈设

晴朗的天气里，达·芬奇总是会在小镇里或者河畔出现，测量并绘制卢瓦尔河的河道。达·芬奇的晚年生活就这样在法国的庄园中展开了。

达·芬奇来到法国的第二年，也就是1517年，红衣主教路易吉来到了法国，而且特地绕路来探望达·芬奇。在这次会面中，达·芬奇被当作了七十多岁的老人，但实际上他只有65岁，也许，只是达·芬奇比实际年龄显得年长几岁。主教的随从如实地记载了这次会面：

他展示了三幅图画，其中一幅是某个佛罗伦萨女士的画像，这是应已故的朱利亚诺·德·美第奇大人的要求创作的写真绘画。另一幅画的是年轻的施洗者圣约翰，还有一幅描绘的是圣母玛利亚及其坐在圣安娜大腿上的婴儿基督。所有这些作品都非常完美。然而，我们无法指望他能创作出更多伟大的作品了，因为他右手有点瘫了。不过，他训练了一个米兰的学生，这学生能绘制出很好的作品。这位绅士撰写了大量的解剖著作，书中伴有许多诸如肌肉、神经、血管和肠壁卷曲等人体器官的插图，这使得他有可能以一种以前人们从未用过的方式来理解男女的躯体。这一切都是我们亲眼目睹的，他告诉我们他已经解剖了三十多具年龄各异的男女尸体。正如他所说的，他还撰写了不计其数的论述水流的本质、各种机器和其他东西的作品，这都是用当地语言写成的。如果这些作品被发掘出来，它们将会既有实用价值又令人愉快。

以上这段文字简单而又全面，可谓几乎概括了达·芬奇一生的成就，但又远远无法做到。我们更可以感受到文字中深深的遗憾，大师的右手瘫痪了，再也无法绘制出更好的作品了，但这都无法阻挡达·芬奇成为这个时代伟大的艺术家和科学家。

虽然达·芬奇的晚年生活可以说是安详愉悦的，但他身在宫廷，依旧要为国王尽心尽力地服务。于是，和在佛罗伦萨和米兰一样，达·芬奇开始策划各种聚会和庆典。首先就是王子多芬·亨利的婚礼和国王侄女玛德琳的婚礼。玛德琳的新郎是美第奇家族的人，是达·芬奇上一个庇护人朱利亚诺的侄子。在这场婚礼上，人们在别墅的北面建了一座凯旋拱形门，一侧刻着火蜥蜴和国王的题词，另一侧是白鼬和新郎的题词"与其受到玷污，倒不如死去"。这场婚礼不仅在法国备受关注，消息也传回了佛罗伦萨，使人们对这位远走他乡的艺术家念念不忘。紧接着，达·芬奇又策划了一次庆典，这次庆典是为了纪念三年前的马里亚诺战役。其间，"胀大的气球落在广场到处跳来跳去。这让所有人都感到很开心，同时又没有伤害到任何人：这是一项新发明，干得很漂亮"。虽然上了年纪，但达·芬奇发明这些令人称奇的玩意儿的能力却从未减退，他总是能带给人惊喜。

也许，最让达·芬奇感到荣耀的是接下来的一场宴会——法国国王要在达·芬奇的克卢克斯花园里举办一次纪念宴会，这可是达·芬奇莫大的荣耀。也许我们还记得达·芬奇在米兰的斯福尔扎城堡承办的戏剧《天堂》，这次，达·芬奇再次把舞台打造成了星空，可谓是日月同辉，繁星满天，花园的夜晚灯火通明。毫无意外，这场宴会的狂欢达到了高潮，赞誉接踵而来。但是，当宴席散场后，只有达·芬奇一人孤独地面对着狼藉的现场。我们不知道达·芬奇当时内心的想法，他是否会回想起自己的一生，坎坷过，辉煌过，但最后还是要一个人孤独地面对着这个世界。

还记得达·芬奇那些离经叛道的作品和解剖吗？还记得瓦萨里对达·芬奇宗教信仰的评价吗？但是，这些都是从前的事了。早在1515年，达·芬奇就加入了佛罗伦萨的圣约翰协会，依照达·芬奇的个性，他应该不是想要皈依宗教，或许只是年老的达·芬奇想要确保自己有一场体面的葬礼。也许达·芬奇真的预感到了自己的死亡，1519年复活节的前一天，达·芬奇就立下了遗嘱，在遗嘱中，他要求自己的葬礼有三次大弥撒和三十次小弥撒，葬礼上要有六十个穷人托着六十根蜡烛。但是，尽管达·芬奇想要一场体面的葬礼，性格中叛逆的一面还是无法被完全藏匿，关于死亡，他有着深入的思考，正如莎士比亚在两个世纪后的追问："生，还是死，这是个问题。"

达·芬奇的思想是文艺复兴时期大多数科学家的观点，属于亚里士多德的唯物主义，即灵魂是依附于肉体的，肉体的死亡是对灵魂的放逐。达·芬奇曾说：“不管灵魂是什么，它都是神圣的事物，因此让它留在自己的居住场所之内，在那里自由自在……因为它颇不情愿地离开躯体，的确我认为灵魂的悲伤和痛苦不是没有缘由的。”于是，他把死亡看作是永恒的睡眠，希望可以借助作品的流传获得永生：

> 哦，睡眠，睡眠是什么呢？睡眠类似死亡。哦，那么你为何不创造一些作品，在你去世之后这些作品使你依旧活着，而不是你活着时这些作品使你睡着了，使你显得如同死人一样。

可以看出，这些观点和基督教的灵魂不死的观点是相背离的，但是达·芬奇又怎么会畏惧呢，他终究还是没有皈依宗教，而只是感慨“他冒犯了上帝和人类，因为他没有尽力去进行艺术创作”。

1519年5月2日，达·芬奇与世长辞，享年67岁。据瓦萨里的记录，达·芬奇是在国王的怀中安详地离去的，国王“把他的头顶支撑起来，帮助他，以使他舒适”。画

《达·芬奇之死》

家安格尔在 1818 年创作了一幅《达·芬奇之死》，重现了达·芬奇安息于国王怀中的感人情景。

达·芬奇的死亡让人们无限悲痛。他的学徒和遗嘱执行人梅尔兹写信通知了达·芬奇同父异母的兄弟们，他在信中写道：“对我，他好像最好的父辈一样。……只要我体内还存在呼吸，我就会一直感到悲痛。每天，他都向我显示了强烈的慈爱。”他还表示：“我的悲伤正在消退，主要是因为我记得他对一个可怜学生的爱。不过，世人都应该哀悼大自然微薄的力量不可能再创造另一个列奥纳多，我们的损失也是世界的损失。”后来，梅尔兹成为达·芬奇作品的忠诚捍卫者，保留着达·芬奇的所有手稿并且整理了《画论》一书，在梅尔兹去世后，这部书得以出版，这也是达·芬奇留给后人的唯一著作。

不幸的是，梅尔兹的儿子并不如父亲这样忠诚和懂得欣赏艺术。在梅尔兹去世后，他的儿子奥拉齐奥将这些手稿随意抽出送人甚至是卖掉来获得些蝇头小利。后来，被卖掉的手稿还被新的主人自作聪明地重新分类整理了，这些珍贵的手稿被裁剪得次序混乱大小不一，着实让人心痛。

达·芬奇的葬礼并没有依照他的遗愿举行，在简单的葬礼后，达·芬奇被葬在了圣佛罗伦萨教堂。十年后，即1529年，教堂在宗教战争中被清教徒破坏。后来，在法国大革命中，整座教堂被毁坏拆除，拆除的石头被用来修补了城堡。教堂里的一个园丁好心地收集了那些分散的头骨，把它们埋在了院子里的一个角落，伟大的达·芬奇的头骨也在其中。

1863年，诗人兼达·芬奇的研究专家阿尔塞纳·乌塞试图找到这个尸骨埋藏处。他发现了墓碑的残片和一具几乎完好无损的头骨，头骨非同寻常的尺寸使他相信这必定是达·芬奇的头骨。于是，他兴奋地记录道：“我们以前从来没有见过设计得这么好的一个头骨，三个半世纪后，死亡没有减少这壮丽头骨的自豪。”现在，这具头骨被埋藏在圣胡伯特教堂，虽然我们无法笃信这就是达·芬奇的头骨，但正如佛罗伦萨人所说：达·芬奇进入了伟大的海洋。

附录：达·芬奇年谱

1452年4月15日，列奥纳多·达·芬奇出生。

1465年，达·芬奇的祖父安东尼奥去世；达·芬奇来到佛罗伦萨，进入韦罗基奥的作坊学习。

1472年，达·芬奇成为佛罗伦萨画家协会——“圣路加公会”的会员。

1473年，达·芬奇与韦罗基奥共同完成《基督受洗》。

1473—1475年，创作《天使报喜》。

1477年，创立自己的工作室。

1478—1480年，创作《圣哲罗姆》。

1481年，创作《博士来拜》，但没有完成。

1482年，离开佛罗伦萨来到米兰。

1483年，创作《岩间圣母》。

1485—1490年，创作《怀抱白鼬的女人》。

1487—1490年，完成第一批笔记本，包括“巴黎手稿B”、《福斯特抄本》和《特里武尔奇奥抄本》。

1488年，达·芬奇的老师韦罗基奥逝世。

1489年，开始创作斯福尔扎铜马像。

1490 年，设计戏剧《天堂》；创作《维特鲁威人》。

1493 年，达·芬奇的母亲卡泰丽娜去世。

1495—1498 年，创作《最后的晚餐》；与卢卡·帕乔利成为好友，为《神圣的比例》一书绘制插图。

1500 年，来到曼图亚，为伊莎贝拉·德斯特绘制肖像画；游历威尼斯；回到佛罗伦萨，绘制《圣母子与圣安娜》的草图。

1501—1504 年，创作《圣母与卷线轴》。

1502 年，服务于波几亚，与马基雅维利成为好友。

1503 年，开始创作《蒙娜丽莎》和《安加利之战》。

1504 年，达·芬奇的父亲塞尔·皮耶罗去世；创作《跪着的丽达》和《发胖的天使》。

1506 年，回到米兰，再次绘制《岩间圣母》。

1507 年，达·芬奇的叔叔佛朗切斯科去世，达·芬奇回到佛罗伦萨为叔叔的遗嘱打官司；整理《莱彻斯特手稿》。

1508—1510 年，创作油画《圣母子与圣安娜》；主要从事解剖工作，结识解剖学家马尔坎托尼奥·德拉·托雷。

1511 年，朋友马尔坎托尼奥·德拉·托雷去世。

1513 年，前往罗马。

1516 年，前往法国，完成《自画像》。

1519 年，5 月 2 日，达·芬奇逝世，享年 67 岁。

参考文献

［1］［英］查尔斯·尼科尔著，朱振武、赵永健、刘略昌译. 达·芬奇传——放飞的心灵［M］. 湖北：长江文艺出版社，2006.

［2］晓玲. 达·芬奇的广播与创新［M］. 北京：东方出版社，2008.

［3］胡跃生. 细看达·芬奇［M］. 广西：广西师范大学出版社，2005.

［4］许婷. 达·芬奇画传［M］. 北京：华夏出版社，2010.

［5］［美］麦克·怀特著，许琳英、王晶译. 达·芬奇——科学第一人［M］. 北京：中国人民大学出版社，2011.

［6］［意］Alessandro Vezzosi 著，朱燕译. 达·芬奇——宇宙的艺术和科学［M］. 上海：译文出版社，2004.

［7］小艾. 达·芬奇关键词［M］. 湖南：湖南美术出版社，2010.

［8］［英］Ruth Berry 著，黄娟译．达・芬奇——解不开的密码［M］．辽宁：大连理工大学出版社，2008．

［9］温青．达・芬奇画传［M］．北京：中国广播电视出版社，2005．

达·芬奇作品——《最后的晚餐》